KB217259

십자가 등대

개원의로서 29년 동안 한결같이
선교를 다니면서 경험한 이야기

십자가 등대

최대호 지음

좋은땅

인사말

가만히 돌아보면, 대학 병원 전공의 시절부터 지금까지, 의료 봉사와 의료 선교를 해온 지도 벌써 30년이 다 되어 간다. 의과 대학을 졸업하면서 다짐한 것이 있다. '하나님의 은혜로 무사히 의사가 되었으니 이제 먼저 하나님 나라와 의를 위해 살아야겠다'라는 것이다. 그동안 살아오면서 하나님께서 내게 베풀어 주신 무수히 많은 은혜를 다 보답할 수는 없지만, 내가 할 수 있는 작은 일을 해 보자고 생각했다.

어느 날, 주님의 얼굴을 구하며 지난 세월들을 돌아보니, 시편 23편 다윗의 고백처럼, 하나님께서는 내게 분에 넘치는 상을 차려 주셨고, 내 머리에 기름을 바르셨으며, 내 잔이 넘치도록 채워 주셨음을 분명히 알게 하셨다.

하나님께서는 지난 29년 동안, 나로 하여금 우리나라 전국 방방 곡곡의 농어촌과 도서 지역, 그리고 산속 깊은 골짜기 오지 마을의 작은 교회까지 포함하여 수백 군데 미자립 교회들로 봉사를 다닐 수 있게 해 주셨다. 또한 내게 매년 동남아시아, 동북아시아, 서남 아시아의 많은 해외 선교지들을 다니면서 수천, 수만 명의 타 문화 권 불신자들에게 복음을 전할 수 있는 기회를 주셨다.

언제나 하나님의 손이 함께하셨기에 지금까지 큰 사고 없이 다닐 수 있었다. 하나님께서는 우리에게 기대를 넘는 놀라운 이적과 기 적들을 목도하게 하셨다.

하나님께서 지금까지 우리들을 통하여 직접 행하신 여러 일들을 내 가슴 속에만 간직하는 것은 옳지 않다는 생각이 들었다(왕하7:9, 눅10:17). 그래서 부족하지만 이렇게 책으로 엮어 보게 되었다.

그동안 국내와 해외 선교를 같이 다녔던 많은 분들에게 진심으로 감사 인사를 전한다. 여러분들과 여러 장소에서 공유했던 순간들 이, 내게는 너무도 기쁘고 행복한 추억들이 되었다.

언제나 아버지를 사랑하고 따라주는 장남 선종과 며느리 은혜와 손녀, 둘째 딸 선형, 그리고 막내 선효에게 사랑하고 고맙다는 말을 하고 싶다. 아울러 부족한 남편을 항상 전적으로 신뢰해 주고, 마음껏 선교 다닐 수 있도록 기도하며 후원해 준 아내 김영숙 권사에게 감사 인사를 전한다.

2020년 8월

최대호

작은 능력으로도 할 수 있다

단지 같은 공동체에 속해 있다는 소속감만으로도, 우리는 하나님께서 우리를 특별히 사랑하시고 후대하신다는 것을 깨달을 수 있다. 우리같이 부족한 자를 성삼위 하나님의 네 번째 팀원으로 불러주셨다.

로마서 16장을 보면, 로마에 아직 가 보지 못한 사도 바울이 로마교회 성도들에게 29명의 이름을 언급한다. 그들은 모두 바울과 함께 고린도 교회에 있던 성도들이다. 이들 중, 이름만 나올 뿐 설명이 없는 자들도 있다. 드루배나와 드루보사, 버시 같은 성도이다.

하지만 더 위로가 되는 말씀은 16장 14~15절의 "그들과 함께 있는 형제들에게 문안하라, --- 그들과 함께 있는 모든 성도들에게 문안하라."라는 부분이다. 특별한 업적이 기록되어 있지 않은 것을 토대로 조심스레 추측해 보건대, 몇몇 동역자들은 크고 대단한 일을 한 것처럼 보이지는 않지만 사도 바울은 성경에 그들을 천국백성, 성도로서 문안하라고 한 것이다.

우리는 요한1서 5장 13절 말씀처럼 성도들에게 이미 주어진 영생이 있음을 감사할 수 있다. "내가 하나님의 아들의 이름을 믿는 너희에게 이것을 쓰는 것은 너희로 하여금 너희에게 영생이 있음을 알게 하려 함이라."(요일5:13) 아무도 예수님이 우리에게 이미 주신 영생을 빼앗을 자가 없다. "그런즉 이 일에 대하여 우리가 무슨 말을 하리요 만일 하나님이 우리를 위하시면 누가 우리를 대적하리요."(롬8:31)

영생에 대한 확신은 말씀에 대한 강력한 확신에서 나온다. "내가 그들에게 영생을 주노니 영원히 멸망하지 아니할 것이요 또 그들을 내손에서 빼앗을 자가 없느니라."(요10:28)라고 예수님께서 말씀하셨다. 우리에게 특별한 재능과 은사가 없어도, 우리 안에 예수님을 사랑하는 뜨거운 마음이 있다면, 그것만으로 충분하다.

요한계시록 3장 8절에서, 하나님께서는 우리에게 '세상의 큰 자뿐만 아니라 지극히 작은 자들까지도, 작은 능력만을 가지고도 말씀

을 지키면서 주님께 충성할 수 있다'고 말씀하신다. "--- 내가 네
행위를 아노니 네가 작은 능력을 가지고서도 내 말을 지키며 내 이
름을 배반하지 아니하였도다."

작은 능력을 가진 신실한 작은 자에게 하나님 성전의 기둥이 되게
하시겠다는 이 말씀은, 천국 가기 전 마지막 순간까지 늘 암송하고
픈 말씀이다.

우리 같이 작은 자, 무명의 성도들에게도 주님은 천국 문을 활짝
열어 놓으시고 맞아 주신다. 우리를 두 팔 벌려 환영해 주시는 예수
님의 모습을 상상해 본다.

"예수님께서 열어 놓으신 천국 문을 닫을 자가 아무도 없다"는 말
씀이(계3:8a) 우리에게 얼마나 위로가 되는지! 지극히 작은 자로서
성경 말씀을 사모하고, 예수님의 지상 명령을 지키며, 죽을 때까지
그 믿음과 주를 향한 첫사랑을 간직하는 자가 되기를 소원한다.

목차

인사말 4

서문 작은 능력으로도 할 수 있다 7

1부
선교 비하인드 스토리

비타민 영양제를 통해 중풍환자가 완치 받은 일 16

힌두교 마을의 집단 개종 사건 22

학생 때 처음 경험한 의료 선교 27

코끼리의 눈이 흑진주처럼 예쁘다는 것을 알게 된 날 30

전통 무속인의 개종 사건 34

은퇴 후 의료 선교하던 80세 내과 선생님 40

동명이인 환자들 때문에 약국에서 실수가 있었던 일 45

영화의 한 장면처럼 달리던 열차에서 뛰어내려야 했던 일 51

기생충을 토해내던 필리핀 산지족 아이들 56

단기선교 취소 결정 후, 아들을 잃을 뻔했던 경험 62

미얀마에서의 열매 70

2부

선교해야 할 이유들

단기 해외 의료 선교의 필요성 80

단기 의료 선교의 목표 92

우리는 왜 시골 교회를 도와주어야 하는가? 100

국내 의료 선교를 하면서 경험한 일들 106

한 명이 결심하면 선교가 시작되고, 교회가 세워진다 111

항구의 등대와 같은 교회의 십자가 116

50조 원 꿈 이야기 124

선교를 가서 하는 일들 130

죽은(DOA)자 살리는 응급실과 미자립 교회 살리는 의료 선교 136

많이 받는 자에게 많이 요구하신다 144

죽었지만 살아 있는 애완견과 살아 있으나 죽은 아이들 150

무모함이 일상의 기적이 된다는 여호수아 155

한국 교회 부흥에 기여한 의사들과 순교한 의료 선교사들 160

초기 한국 선교사들의 비하인드 보고서들 167

3부

아버지가 자녀들에게 가르치고 싶은 것들

아버지가 자녀들에 가르치고 싶은 것들 174

존경하면 저절로 닮아가는 것들 183

영원한 것과 안개처럼 사라지는 것들 190

억지로라도 십자가를 지게 하라 195

요나처럼 물고기 뱃속에 들어가게 되면 보이는 것들 199

구원의 확신은 말씀에 대한 확신에서 나온다 205

스포츠에서 배우는 영적 레슨, '고통이 유익이다' 215

부자와 거지 나사로의 스토리 222

생명줄(가이드라인) 때문에 파도 속에서 살아난 경험 228

4부

100세 시대에 노인들이 할 일이 많다

100세 시대에 노인들이 할 일이 많다 238

두 장면으로 압축되는 인생과 별처럼 빛나는 인생 243

동역자와 동업자 252

스쳐 지나가는 바람의 이름은 기억하지 못한다 255

기도응답과 하나님의 주권 261

중보기도 – 부전승 인생과 끝이 슬픈 이야기 265

인생의 산을 오르는 법과 내려가는 법 – 야곱의 축복권 273

겸손을 배울 수밖에 없는 이유 – 자칭 의인은 없다 280

사명 완수자(예후)와 예배자(다윗)는 완전히 다르다 284

쿠데타로 끊길 뻔 했던 다윗 왕조 – 언약을 지키시는 하나님 288

하나님께서 일을 시키실 때 우리의 대답과 하나님의 답변 292

내 원칙을 깨트려야 은혜와 용서가 남에게 흘러간다 295

십자가는 수치와 부끄러움에서 나를 자유케 한다 302

복음과 성격 – 슬럼프에 빠졌을 때 311

지금 경험하는 일들은 백년 후, 천년 후에는 작은 일이다 314

의술과 복음 320

은퇴 목사님들 이야기 322

도시 빈민이 된 은퇴 목사님들의 사정 324

1부

선교 비하인드 스토리

비타민 영양제를 통해
중풍 환자가 완치 받은 일

"연회장은 물로 된 포도주를 맛보고도 어디서 났는지 알지 못하되 물 떠온 하인들은 알더라"(요한복음 2:9)

IMF 시절이던 1999년 2월에 필리핀에서 있었던 일이다. 익산 고현교회 단기 선교팀과 같이 필리핀의 수도 마닐라에 갔다. 마닐라는 천만 명 이상 규모의 대도시이며, 16개의 위성 도시와 1개의 읍으로 이루어져 있다. 안타까운 사실이지만, 마닐라에는 빈민가가 많다. 그래서 우리는 마닐라 변두리 퀘손 시티의 빈민가로 의료 선교를 갔다. 베이스캠프는 현지의 작은 교회 '그레이스 처치'였다.

거기서 내가 진료했던 환자들은, 대부분 일반적이고 흔한 질병을 앓는 환자들이었다. 무난하게 진료가 이어졌고, 이윽고 흰머리 노부인의 진찰 차례가 되었다. 그분은 휠체어에 앉아 있었다.

물어보니 다리가 불편하여 걷지를 못하는데 오래되었다고 했다. 중풍이었다.

특별히 해 줄 방법이 없어서, 우리가 환자의 치유를 위해 기도해 주어도 되겠냐고 했더니, 예스! 기도해 달라고 한다.

그래서 그분의 손을 붙잡고 간절히 기도했다. 그 후, "여기는 특별한 약은 없고, '삐콤'이라는 종합 비타민제가 있으니, 집에 가셔서 하루 한 알씩만 드시라"고 설명 드린 후 집으로 보내 드렸다.

그리고 잊었다.

그런데 나중에 필리핀 선교사님이 익산 고현교회에 편지를 보냈고, 우리에게 그 선교 편지의 소식을 전해 주었다.

휠체어를 타고 진료 받으러 왔던 그 중풍 환자 부인이 다음 주일에 걸어서 교회에 나왔다는 것이다.

'여기에서 준 약을 먹고 중풍이 나았는데, 더 좋아지고, 재발하지 않도록 그 빨간색 알약을 더 탈 수 없느냐'고 그곳 목사님께 요청했다는 것이다.

할렐루야! 하나님께서 종들의 기도를 통하여 직접 그 중풍 환자를 고치신 것이다.

그래서 필리핀 목사님이 선교사님에게 그 내용을 전달했고, 선교사님은 고현교회에 그 약들을 국제 우편으로 보내 달라고 요청한 것이다.

흔한 일은 아니지만 분명 사실이다.

그래서 고현교회 교인 약사님이 선교사님께 연락해서, '그 약은 특별한 약이 아니고 그냥 비타민 영양제다. 더 보내 줄 수 있지만 그 약이 중풍 병에 특효약은 아니다. 아마 그때 기도를 받고 좋아진 것이 아니겠냐'고 전했다.

우리가 의료 선교를 준비할 때, 삐콤(빨간색 비타민 영양제)은 모든 약들 중에 가장 우선되는 필수 준비약이다.

전 세계 어느 나라 사람이든 종합 비타민을 모르는 사람도 없고, 싫어하는 사람도 없다.

국내 봉사를 나갈 때도 삐콤은 필수 약품이다.

어느 나라를 가든, 어떤 환자를 진료하든, 우리는 기본으로 모든 환자들에게 기적의 알약 삐콤 1개월분을 나눠준다.

비용과 손이 많이 가는 노력 때문에 더 많이 준비해 가지는 못하지만, 심지어 건강 상담만 받는 사람들에게도 나눠준다.

예수님은 사역을 시작하시면서 갈릴리 가나의 혼인 잔치에 참석

하셨다. 마침 포도주가 떨어진 잔치 자리에서 어머니의 요청에 따라, 하인들에게 여섯 개의 빈 돌 항아리에 물을 채우게 한 뒤, 연회장에게 갖다 주도록 말씀하셨다.

물로 만든 포도주를 맛본 연회장은 좋은 포도주를 늦게 내왔다고 칭찬하면서도 그 포도주가 어디서 났는지는 알지 못했다.

물 떠 온 하인들은 맛좋은 포도주가 물로 만든 포도주라는 것을 알고 있었지만 연회장에게 말하지는 못하였다.

삐콤 말고도, 우리가 가져가는 모든 약들이 베드로의 기도(행3:6)와 바울의 손수건과 앞치마(행19:12)처럼 환자들의 여러 병을 치유하는 기적의 효과를 나타내기를 기대하며, 두 달 이상 릴레이로 금식 기도를 하면서 선교를 준비한다.

우리 의료 선교 팀원들은, 어느 나라를 가서 의료 진료를 하든지 많은 종류의 약들을 가지고 간다. 물을 포도주로 바꾸셨던 예수님의 기적을 기대하며 약품을 준비한다.

그리고 하나님께서는 지금까지 그 약들을 통하여 많은 기적을 베푸셨다.

모든 질병의 환자들은 의사의 진료를 필요로 한다. 의사의 진료와 약이 육체의 질병을 고치는 데 도움이 된다. 그러나 진료와 약이 환자들의 영혼의 병, 죄로 인한 형벌까지 치료하지는 못한다.

의료 선교는 육체의 질병뿐만 아니라 영혼의 문제에도 관심을 가지고 선교를 한다.

우리는 인간적인 사랑으로 아픈 환자의 마음만 기쁘게 하려는 자들이 아니라 환자들의 영혼까지 회복시키고픈 자들이다. 환자들이 주 예수님을 영접하고 구원받을 수 있도록, 그들에게 복음을 함께 전한다.

지금까지 20년 넘게 의료 선교를 하는 동안, 여러 나라에 수십 개의 교회들이 개척되었다.

불신 주민들 전도가 어려워서, 교인들이 거의 없어 목회를 포기하려고 했던 국내와 해외의 여러 약한 개척 교회들이, 의료 선교를 통하여 힘을 얻었다. 새 신자들이 생겨 계속 목회를 지속할 수 있었고, 의료 선교가 교회를 성장시키는 계기가 되었다는 수십 건이 넘는 보고들이 있었다.

비록 우리가 그 이후를 다 알지는 못하지만, 지난 시간 동안 십만 명이 훨씬 넘는 국내·외 사람들에게 의료 선교를 통해 복음을 전할 수 있었다. 무신론자, 힌두교인, 불교도, 무슬림, 토테미즘 신앙인, 이단, 불가지론자들에게 진료와 함께 생명의 복음을 전하였다.

교회 의료 선교회 스리랑카 팀과 현지 마르가야 교단과의 협력 사역으로 인해, 스리랑카에 십여 개 이상의 교회가 새로 개척되었다.

인도팀 또한 파송 선교사님과의 협력 사역을 통해 인도에서만 지금까지 십여 개의 교회들을 개척하였다.

태국과 캄보디아, 베트남, 미얀마, 필리핀 팀의 사역으로 그들 나라에서도 의료 선교 후에 교회들이 새롭게 여럿 세워졌다.

앞으로도 주님이 일으키실 회복의 기적을 기대하며 선교를 준비한다. 의료 진료와 기적의 알약 처방, 그리고 생명의 복음, 진리의 말씀을 통해, 우리의 의료 선교가 주님께 쓰임받기를 소원하며 기도한다.

"내가 진실로 진실로 너희에게 이르노니 나를 믿는 자는 내가 하는 일을 그도 할 것이요 또한 그보다 큰 일도 하리니 이는 내가 아버지께로 감이라"(요한복음 14:12)

힌두교 마을의
집단 개종 사건

"만군의 여호와께서 말씀하시되 이는 힘으로 되지 아니하며 능력으로 되지 아니하고 오직 나의 영으로 되느니라"(스가랴 4:6)

어떤 일은 우리가 직접 경험하고도 믿어지지 않을 수도 있다. 우리 의료 선교팀이 직접 경험한 한 가지 실화를 말씀드리고 싶다. 스리랑카에 가면 안한준 선교사님이 간증할 때 한 번쯤 언급하는 사건이기도 한다.

2006년 여름 스리랑카 중부 지역 쿨리야피티야라는 지역에 갔다. 그곳은 딜립이라는 목사님이 사역하는 지역이었다.

스리랑카의 힌두교인들은 대부분 인도의 가난한 타밀주 출신들로, 영국이 식민 지배할 때 고산 지대 차밭에서 찻잎 따는 일을 시키기 위해 강제로 이주시킨 이주민들이다.

그래서 스리랑카에서는 힌두교인들이 이등 국민으로 취급받으며 심한 차별을 받았다. 이들은 사람 취급도 제대로 받지 못하며 살았다.

이주 초기, 스리랑카에서 태어난 힌두교인들은 이름도, 국적도, 호적도 없이 평생 노새처럼 노예로서 일만 하다가 짐승처럼 죽었다. 그 뒤 국민으로 정식 편입이 되었지만, 지금까지도 인종 차별을 받으며 스리랑카의 하층 국민으로 힘들게 살아가고 있다.

그래서 이들에게는 차별에 대한 억울함과 무시와 교육 받지 못한 것에 대한 한이 많다.

우리는 이런 애환이 있는 그들에게 갔다.

중부 지역 쿨리야피티야 마을로 가는 아침, 버스 안에서 두 시간 이상 찬양을 열심히 부르며 간절히 기도했다.

그리고 그곳 마을의 허름한 한 건물에서 아침부터 저녁까지, 지역 주민 700명 정도를 진료했다. 종기나 상처가 있던 환자들에게는 간단한 수술을 해 주었고, 심장 질환이나 복부 간질환이 의심되는 환자들에게는 심전도 검사와 초음파 검사, 그리고 간단한 혈액 검사까지 해 주었다. 그중 상태가 심한 사람들은 기도 처방을 내고, 따로 모여서 간절히 기도했다.

그리고 우리는 '문들아 머리 들어라', '만왕의 왕 예수' 등의 찬양을 더 부르고 기도하면서 숙소로 돌아왔다. 그리고 귀국했다. 다음 번에는 스리랑카 말고, 다른 나라로 선교 갈 생각을 하고 있었다.

그런데 그 후에 그 지역에서 놀라운 일이 일어났다.

한 달쯤 후에 현지 목사님이 안한준 선교사님을 통해 영어 메일을 보내왔다.

우리가 의료 선교를 다녀온 그 힌두교인 마을에서, 힌두교인들이 기독교로 집단 개종을 하게 되어 교회들이 생겼다는 것이다.

27가정 121명의 새 신자들이 교회에 등록했다는 것이다.

그리고 그들로 인해 10개의 가정 교회가 새로 생겨났다는 소식을 우리에게 알려 주었다. 하나님께서 주의 종들을 사용하여 일하신 것이다.

할렐루야! 오직 하나님께만 영광을 돌린다.

그곳에서 이런 일은 결코 흔하게 일어나는 일이 아니다.

스리랑카 현지 목사님들도 깜짝 놀랄 정도의 기적이 일어난 것이다. 이 사건으로 인해, 현지 목사님들은 매년 우리에게 스리랑카로 의료 단기 선교를 와달라며 강력히 요청했다.

그 동네 교회에 다니던 청소년들이 어느새 어른이 될 만큼의 시간이 흐르고 나면, 그 마을은 당연히 많은 부분에서 변할 것이다. 그들의 자녀들 또한 교회에서 자라날 것이다. 그들 모두는 주님 안에서 잘 자라나, 하나님께 쓰임 받는 주님의 일꾼들이 될 것이다.

그들 가운데서 목사도 나올 것이며, 교사와 의사, 간호사, 기술자, 사업가도 나올 것이다.

실제 경험하고도 잘 믿어지지 않는 일이었다. 현지 목사님이 직접 보고했기에 알게 된 주님의 일이었다. 이 사건은 안 선교사님이 매년 반복해서 간증하는 레퍼토리가 되었다.

오랫동안 여러 나라, 여러 지역으로 의료 선교를 다니는 동안, 다양한 질병을 앓던 환자들이 기적적으로 치유되는 일들은 지금까지 계속 발생해 왔다.

현지 목사님들이 모든 케이스들을 세세히 우리에게 전부 전달해 주지는 않기에, 우리도 모든 일을 다 알지는 못한다. 아마 치유 받은 환자들 본인들이 직접 말하지 않는 경우에는 누구도 알 수 없을 것이다.

그러나 하늘나라에서는 나중에 다 알게 될 것이다. 지금까지 주의 종들을 사용하셨던 하나님께서 앞으로도 계속 우리를 사용하시리라 믿는다. 우리에게도 큰 기쁨과 보람이 되기 때문이다.

그래서 남은 인생 동안에도 많은 기대가 된다.

"그가 내게 이르시되 인자야 이 뼈들이 능히 살 수 있겠느냐 하시기로 내가 대답하되 주 여호와여 주께서 아시나이다."(에스겔 37:3)

학생 때
처음 경험한 의료 선교

"오직 성령이 너희에게 임하시면 너희가 권능을 받고 예루살렘과 온 유대와 사마리아와 땅 끝까지 이르러 내 증인이 되리라 하시니라"(사도행전 1:8)

내가 의대생일 때 했던 첫 의료 봉사 경험이, 향후 '의료 선교는 어떻게 해야 할까'에 대한 모델이 되어 주었다. 당시 의료 봉사를 통해 많은 것을 느끼고 배울 수 있었다.

의과 대학 본과 1학년으로 진급하던 겨울, 처음으로 농촌 지역 의료 봉사를 갔다. 그리 많은 인원은 아니었다. 의사는 인턴 선생님 한 분뿐이었고, 나머지는 의대 학생들과 간호대 학생들로, 총 십여 명이었다.

군산 변두리의 조그마한 마을이었고, 교회는 없었다. 그래서 신학교를 졸업한 한 전도사님이, 마을에 교회를 세우려고 장소를 빌려 조그맣게 예배를 드리고 있었다. 우리는 조금 큰 시골집에 모여 밥상 몇 개로 조촐하게 책상을 꾸몄다.

먼저 간호대 학생들이 접수를 맡았다. 환자들의 이름을 적고 혈압을 쟀다. 의대 본과 학생 두세 명이 초진환자 병력 청취를 하고, 환자가 호소하는 주요 증상을 차트에 적었다.

그 후, 환자들은 한 명뿐인 인턴 선생님께 진찰을 받았다. 처방전이 나오면 약국을 맡은 학생들이 약을 조제하여 전달했다.

마지막으로, 전도사님이 환자들을 위해 잠시 기도해 주었다. 환자들에게 교회 예배 시간을 안내하거나, 간단히 복음을 제시하기도 했다.

진료를 담당했던 인턴 선생님은, 아직 레지던트 수련도 받지 않은 상태였다. 그때는 인턴 선생님이 의사로서 실력이 있는지 없는지 몰랐다. 다만 '의사이니 당연히 잘하겠지' 하고 생각했을 뿐이다. 나중에 수련을 받으면서 인턴이 되어보니, 인턴은 말 그대로 햇병아리 의사였다. 우리끼리는 보통 '새끼 의사'라고 부른다.

그때 일을 돌아보면, 의료 봉사라고 칭하기도 어설픈 행사였다.

어쨌든, 그날 하루 동안 약 100여 명의 환자들을 진료했다.

소규모 봉사였지만, 이런 조그만 봉사로도 한 교회가 세워질 수 있다는 것을 처음으로 알게 된 날이었다.

참석한 학생들에게는 보람이 있었던 시간이었고, 개척 교회에게는, 전도의 조력을 얻어, 주민들에게 사랑을 베풀 수 있었던 좋은 기회였다.

시간이 흐른 뒤, 그 지역에 교회가 잘 세워졌고, 목사님이 목회를 잘 감당하고 계신다는 이야기를 들었다.

"작은 일의 날이라고 멸시하는 자가 누구냐"(스가랴 4:10a)

코끼리의 눈이 흑진주처럼
예쁘고 영롱하다는 것을 알게 된 날

"듣는 귀와 보는 눈은 다 여호와께서 지으신 것이니라"(잠언 20:12)

2012년 8월 다섯 번째 스리랑카 선교 때 일이다.

스리랑카 사역 이틀째 아침에 국립공원 도로를 지나가면서, 코끼리 가족 무리와 마주쳤다.

네다섯 가족은 되는 것 같았고, 어미와 새끼를 포함 약 스무 마리 정도가 천천히 도로를 가로질러 반대편 숲속으로 가고 있었다.

우리 버스 기사는 코끼리 가족들이 반대편 쪽으로 안전하게 지나갈 때까지 차를 멈추고 기다려 주었다.

하나님께서 우리에게 작은 선물을 주신 것일까?

한동안, 나는 코끼리들의 사진을 찍을 생각도 하지 못한 채, 이 놀라운 광경을 그저 넋 놓고 바라보기만 했다.

코끼리 가족 무리는 도로를 지나가던 중에, 우리 버스 앞을 가로막고는 한참 동안 여유롭게 우리를 구경하기 시작했다.

이 순간 전까지, 우리들 중에서 이렇게 많은 코끼리들을 본 사람은 아무도 없었다.

재미있었던 사실은 우리와 같이 코끼리 떼는, 한동안 갈 길을 멈추고 서로를 구경하였다는 것이다.

2호차에 탄 우리들은 환호성과 감탄을 하며, 코끼리 사진을 마구 찍어댔다. 마치 사파리에 관광을 온 것 같았다.

그러다가 앞선 버스 생각이 났다.

우리 앞에 지나간 1호차에 전화하여, 우리의 상황을 전달해 주었다.

안타깝게도 1호차는 다시 돌아오지 못했다.

평생에 다시 오지 않을 순간을 다 함께 누리지 못하는 것이 너무도 아쉬웠다.

우리만 호사를 누리는 것 같아서, 1호차 사람들에게 미안한 마음도 들었다.

그때 처음 알게 된 사실이 있다. 이전에는 미처 코끼리의 눈이 그렇게 크고 아름다운 줄 몰랐다.

왜 이전에는 미처 몰랐을까 생각해 보니, 이번에는 우리가 버스를 타고 코끼리 약간 위에서, 그리고 바로 옆에서 가까이 봤기 때문이라는 것을 알게 되었다.

스리랑카 전국에 야생 코끼리가 약 2,000마리 정도 있다고 한다. 이들은 야생 노루처럼 자유롭게 다닌다.

언젠가 다시 마주칠지도 모르겠다.

그 작은 사건은, 오랫동안 의료 선교를 해 왔던 나에게, 새로운 시각을 가지게 해 준 특별하고 의미 있는 시간이었다.

코끼리 눈이 예쁘다는 것을 새롭게 알게 된 것처럼, 우리의 작은 몸짓이 하나님께 기쁨이 된다는 것을 알게 되었다.

이전까지 나의 작은 의료 선교 사역은, 도도하게 부딪혀 오는 바닷가 파도에 작은 돌 하나를 던지는 것과 같다고 생각했다. 특별한 의미를 부여하지 않았다. 그랬던 내 생각이 바뀌었다.

끊임없이 밀려오는, 평범한 바닷가의 파도는 긴 시간 동안 거대한 바위를 조금씩 다듬어간다. 그리고 결국에는 아무리 뛰어난 조각가도 감히 흉내내지 못할, 기묘하고 아름다운 모양을 만들어 낸다. 지금 당장은 별 의미 없어 보이는 우리의 작은 몸짓 하나도, 하나님의 손에 들리면 달라질 수 있다는 것을 느끼게 되었다. 우리의 작은 행동이 하나님께 기쁨이 되고 있다는 것을 알게 해 주셨다.

또한 그동안의 의료 선교 사역이 선교지의 많은 선교사님들과 현지 목회자들에게 적지 않은 도움이 되고 있다는 것을 알게 해 주셨다. 내 생각 이상으로 그분들에게 큰 힘이 되고 있는 것을 확인하게 하셨다.

비록 수일간 행해지는 작은 의료 선교의 조그마한 수고일지라도 주님이 들어 쓰시면, 마치 오병이어처럼, 수천 명의 사람들을 기쁘게 해 줄 수 있다는 것을 다시 한 번 깨닫게 하셨다.

하늘에 계신 예수님께서 한바탕 기분 좋게 웃으셨으리라 생각하니 나도 기분이 좋았다.

"내 사랑아 너는 어여쁘고 어여쁘다 네 눈이 비둘기 같구나"(아가 1:15)

전통 무속인의
개종 사건

"또 마술을 행하던 많은 사람이 그 책을 모아 가지고 와서 모든 사람 앞에서 불사르니 그 책값을 계산한즉 은 오만이나 되더라"(사도행전 19:19)

1996년 8월, 누가회 의사들과 함께 몽골로 단기 의료 선교를 갔다. 몽골은 1991년 소련 해체 이후에야 외국에 문호를 개방했기에, 당시에는 몽골 선교사들의 수가 적었다.

기독교에 문을 열어 준 지 얼마 안 되었기에, 백인 선교사들이나 한국 선교사들이나, 그 수가 비슷할 정도였다. 몽골에 선교사들이 들어가던 초기라고 할 수 있다.

그때 벌써 몽골 안에 한국인 선교사가 300명을 넘을 거라는 말에 깜짝 놀라기도 했다.

당시 이예리라는 부산치대 출신 여 치과 선생님은 중국에서 입국 비자를 받은 뒤에 몽골에 들어와서 이미 선교하고 있었다. 그 치과 선교사님은, 치과 진료뿐만 아니라, 기독교 문화와 기독교 서적을 발간하여 보급하는 일도 하고 있었다.

우리 선교팀은 의과 대학 이광만 외과 교수님이 팀장을 맡고, 나와 내과 김상균 선생님, 홍대성 한의사, 이창옥 치과 의사 선생님과 우리 가족 5명 포함 총 23명이었다.

그때 우리 아이들은 10세, 8세, 3세(만 2세)였다.

현지에서 몽골 연세친선병원 치과 선교사인 장승기 치과 선교사님이 합류했다. 장 선교사님은 왜 자신이 개업했던 치과 의원을 접고, 자신의 모든 장비를 챙겨 몽골에 오게 되었는지를 간증했는데, 모두 진한 감동을 느꼈다.

또한 몽골 의과 대학 기초학 교수인 서원석 의사 선교사가 몽골 정부와 여러 중요한 보건 관계 협력을 하고 있었다.

그 당시 천강민 선교사님이 몽골 기아 대책 기구 지부장으로 있으면서 우리 팀 사역을 인도해 주기도 했다.

천 선교사님이 얼마나 몽골 사람들을 사랑하고, 그들을 전심으로 돕고 싶어 하는지를, 며칠 사역하는 기간 동안 우리는 선교사님을 통해 깊이 느낄 수 있었다. 선교사님을 통해 많은 도전과 감동을 받았다.

3일간 진료를 했는데 진료 마지막 날은 두 파트로 나누어 나와 외과, 치과는 따로 울란바토르의 빈민가로 나가고, 나머지 인원인 내과와 치과 한 분, 한의사는 다른 개척 교회로 나가 각각 두 군데에서 진료를 했다.

　그날 몽골 작은 도시의 시장이 진료를 받으러 왔는데, 여기저기 구멍 난 러닝셔츠를 입고 있었다. 몽골의 당시 상황을 보여 주는 하나의 지표같이 보였다. 몽골 사람들에 대한 안타까운 마음이 컸다.
　그때도 상당히 많은 환자들이 왔었는데, 감사하게도 우리가 저녁까지 감당할 정도는 되었다.
　진료가 다 끝나고 출국 전날은 시내 울란바토르 대학과 자연사 박물관 문화 탐방을 했는데, 처음으로 실제 티라노사우루스의 거대한 뼈를 보았다. 이외에도 다른 공룡들의 뼈를 보며 공룡의 크기에 새삼 놀라기도 했다.

　다음 날, 우리가 공항에서 출국 절차를 밟고 있는데, 대합실에 뜻밖의 여자분이 찾아왔다. 천강민 선교사님께 일정을 물은 후, 시간 맞추어 일부러 배웅 나온 것이었다.
　말 우유로 몽골 전통 과자를 만들어서 우리에게 선물로 주고 싶다고 가져왔다.

자신은 몽골 샤먼(몽골 전통 무속인이자 점쟁이)인데, 우리 팀의 진료를 받고 만성 두통과 불면증이 사라져 이제는 살 것 같다며 우리에게 감사를 표현했다. 어찌나 고마운지, 가만히 있을 수가 없었다며, 우리 앞에서 눈물을 흘리며 선물을 건넸다. 그분은 이 이야기를 우리에게 전하러 공항까지 온 것이다.

그 말에 우리는 하나님께서 그 무속인을 직접 치료하신 것을 알았다. 하나님께서 주의 종들을 사용하신 것을 알게 되어 하나님께 영광을 돌리는 기회가 되었다.

그분은 앞으로 예수님을 믿고 교회에 나가기로 했다면서 우리에게 일일이 과자를 나누어 주었다.

과자에서 나던 독특한 향만큼이나, 강렬하고 잊지 못할 고백이었다. 우리는 하나님의 놀라우신 역사를 경험하는 감격에 젖어 귀국하였다.

우리나라에 무속인들과 점쟁이들이 100만 명 넘게 있다는 이야기를 들은 적이 있다. 요즘에는 타로 카드나 음양오행, 토정비결, 주역 풀이 같은 것을 업으로 삼는 무속인들도 있다.

그중 용한 무속인들은 대부분 귀신 들린 사람들, 즉 신 내린 사람들이라고 한다.

귀신들이 그 사람 안에 머물면서 각종 질병을 일으켜 계속 점치게 만든다. 만일 점쟁이를 그만두거나 더 이상 하지 않으려고 하면, 귀신들이 가족들을 협박하기도 한다.

자녀를 죽이거나 장애인을 만들겠다고 하든지, 남편의 사업을 파산시키겠다고 하든지, 점쟁이 본인을 죽이겠다고 하든지 계속 협박한다.

그래서 귀신들의 협박으로 인해 계속 질병의 고통, 두통, 위장병, 심장병, 불면증, 공황 장애 등을 겪으면서도, 그만두지 못하고 계속 점치는 일을 하는 경우가 대부분이다.

우리가 국내 이동 의료 봉사를 다니면서도 이와 비슷한 일이 있다. 시골 무속인이 병이 나아, 교회에 나왔다. 나중에 그 시골 교회 목사님이 전해 주었기에 알게 된 사실이다.

우리가 다 간증을 듣지는 못하지만, 의료 봉사를 통하여 무속인 환자든, 일반 환자들이든, 만성 질병으로부터 고침 받은 경우가 적지 않다. 때때로 '우리가 들은 것보다 더 많은 분들이 낫지 않았을까?' 하고 미루어 짐작한다.

그분들이 질병으로부터 해방되었어도, 우리에게 직접 말하지 않거나, 누군가가 우리에게 사역 후 보고로 전해 주지 않으면, 우리는 어떤 좋은 효과가 얼마나 있었는지 잘 모르기 때문이다.

우리가 천국에 가게 되면 그때는 모두 알게 될 것이다.

"심지어 사람들이 바울의 몸에서 손수건이나 앞치마를 가져다가 병든 사람에게 얹으면 그 병이 떠나가고 악귀도 나가더라"(사도행전 19:12)

은퇴 후 의료 선교하던
80세 내과 선생님

"(갈렙이) 오늘 내가 팔십오 세로되 모세가 나를 보내던 날과 같이 여전히 강건하니 내 힘이 그때나 지금이나 같아서 싸움이나 출입에 감당할 수 있으니"(여호수아 14:10-11)

몽골에는 연세대에서 후원하여 세운 연세 친선 병원이 있었다. 선교 병원이다.

몽골에 가보신 분들은 대개 한 번쯤 방문하여 견학을 했던 곳이다. (현재는 사정상 폐쇄되었다고 한다)

내가 오래전에 몽골에 단기 선교를 갔을 때 그 병원을 방문하여 견학한 일이 있다.

그때 내과 의사 중에 미국 시민권자이자 80세에 은퇴한 의사 한 분이 계셨다. 월급이 없는 선교 병원에는 그분처럼 은퇴한 노인 의사들이 꼭 필요하다.

그분은 일 년 중 여름 삼 개월 동안 해마다 그 병원에 와서 의료 봉사 선교를 하신다고 말씀하셨다.

그 노인 내과 선생님이 몇 세까지 의료 봉사를 하셨는지는 모르겠지만, 건강에만 문제가 없었다면 아마 계속하셨을 것이다.

3년 전에 일본에서 히노하라 시게하키라는 의사가 105세의 나이로 돌아가셨다. 그분은 돌아가시던 해에도 세이루카 국제 병원이라는 자기 병원에서 직접 환자들을 진료하였다.

그분이 매스컴에 여러 번 나와서 많은 분들이 알고 계실 것이다.

매년 우리가 선교를 준비할 때마다 늘 하는 광고가 있다. 의사가 필요하다는 광고이다. 이번에도 역시 주보 광고를 냈는데, 의료진이 넉넉히 모집되지는 않았다. 우리 봉사자 중 최고령 의사는 안과 박진준 원장님이신데 72세이다. 아직 정정하다. 남편을 여의는 어려운 일이 있었는데도, 믿음으로 슬픔을 잘 극복하셨다.

박 원장님은 국내 이동 진료 팀에도 꼭 필요한 분이다.

지금은 모두가 인정하다시피 100세 건강 시대이다.

시골에 가면 90세 이상의 건강한 노인분들이 아주 많다. 100세가 넘은 시골 노인분들도 우리 팀에게 자주 진료를 받으러 오신다. 겪어 보니, 이분들을 향한 복음 제시에는 같은 노인 전도자들이 더 적합하다.

지금 한국의 80세 기독교인 노인들은 대부분 과거의 30-40년 전의 60세보다 더 건강하다.

일반화할 수는 없겠지만, 청년 같은 얼굴과 건강한 체력, 넉넉한 재산, 삶의 여유가 넘치는 분들도 많다.

우리 자원 봉사자들도 '100세까지 건강하기만 하다면, 얼마든지 봉사할 수 있겠다'고 생각하며 결단하고 있다.

생전에 가끔 우리 교회에 설교하러 오셨던 방지일 목사님을 기억하실 것이다. 그분은 1911년생으로, 100세 넘어서도 설교하러 다니셨다. 천국 가시기 전까지 정정하게 사시면서, 적극적으로 활동하시다가 104세에 천국으로 부르심을 받았다.

방지일 목사님은 우리 시대의 여호수아, 갈렙처럼 우리에게 모범을 보이셨다.

우리 봉사자들 중에도 100세까지 정정하게 적극적으로 사시면서, 방지일 목사님처럼 충성하다가 천국 가실 분들이 많이 있을 것이라고 나는 확신한다.

국내 이동 진료 팀은 이사야 65장 20절 말씀을 표어로 삼아 '100세 시대에 100세까지 건강하게 살면서 이동 봉사를 다니자'고 격려

하며, 매달 봉사 갈 때마다 단체로 합심 기도를 드리고 있다.

지금은 은퇴하신 분들의 선교적 비중과 역할이 날로 커지는 시대이다. 그렇기에 은퇴하신 분들께 한 가지 의견을 제시하고 싶다.

갈렙처럼 85세가 되어서도 '이 산지를 내게 주소서'라고 말할 수 있는 건강한 노인분들을 중심으로 은퇴자 선교 팀을 만들면 좋겠다는 생각을 해 본다.

의사, 치과 의사, 한의사, 간호사, 약사, 전도단, 미용사, 의료 행정가 등등 심령이 청년인 분들을 모아서 실버 의료 선교단을 만들어 국내와 해외 선교를 지속적으로 감당하면 좋겠다. 또한 선교 현장에는 행정으로 돕는 일반 봉사자들이 많이 필요하다. 봉사 현장 질서 유지와 안내, 보조 업무를 맡아줄 자원 봉사자가 예상 외로 많이 필요하다.

70세만 넘어도 '젊은 사람들은 우리를 싫어할 것이다'라고 지레짐작하여 봉사하기를 주저하는 은퇴자들이 많다. 자기 달란트를 땅에 묻지 않고, 마지막까지 하나님의 나라와 주님의 의를 위하여 노년을 헌신하면 좋을 것 같다.

의사들은 대부분 30년 이상을 의사로 근무하면서 많은 생명을 살린다. 일반적으로 안식년과 안식월도 없이, 쉬지 않고 일한다. 은퇴 후에야 비로소 넉넉한 시간적 여유와 노년의 자유를 누린다.

하나님께서는 믿음 있는 기독교인 의사들이 노년에 봉사를 안 하더라도 이들을 천국에서 환영하실 것이다.

"충성된 종아! 생전에 쉬지 않고 많은 생명을 살렸으니, 이제 여기에서 편히 쉬어라!" 하시면서 환영하실 것을 확신한다.

하지만 정년 은퇴 후, 자기 여가를 충분히 가지면서 때때로 주님의 복음을 전하기 위해 의료 선교의 봉사를 겸한다면, 주님께서는 더 기뻐하실 것이다.

봉사 팀원들은 노인 의사분들을 환영한다.

같은 생각을 하는 분들을 찾아서 동참을 권유하고, 함께 교제하는 모임을 만들어서 지금의 부족한 의료인 자원봉사자 수를 채웠으면 한다.

아직 일할 수 있고, 의료 봉사에 뜻을 함께할 수 있는 은퇴한 의사들이 봉사에 적극적으로 참여하기를 간절히 바란다.

"거기는 날수가 많지 못하여 죽는 어린이와 수한이 차지 못한 노인이 다시는 없을 것이라 곧 백 세에 죽은 자를 젊은이라 할 것이요 백 세가 못되어 죽는 자는 저주 받은 자이리라"(이사야 65:20)

동명이인 환자들 때문에
약국에서 실수가 있었던 일

"가난한 자를 불쌍히 여기는 것은 여호와께 꾸어 드리는 것이니 그의 선행을 그에게 갚아 주시리라"(잠언 19:17)

1997년 2월에 누가회 팀으로 네팔에 의료 선교를 갔다. 의사 여덟 명에 간호사 서너 명, 약사 두 명, 의대생과 간호대생 여러 명 해서 총 25명 정도가 네팔과 인도의 국경 지역인 비르간지 지역으로 갔다.

네팔 파송 간호사 선교사인 이춘심 선교사가 우리의 인솔자가 되어 교회 개척 예정지인 한 시골 지역으로 갔다.

우리는 카트만두 한인 교회에서 주일 오전 예배를 드린 후, 당일 오후에 출발해서 진료 예정 지역에 늦은 밤 도착했다.

선교지로 가는 길은 상당히 험했다. 아찔한 낭떠러지 길을 8시간이나 달렸다. 흔들거리는 낡은 버스를 타고 시골길과 골짜기를 여러 차례 지나갔다.

목적지에 도착했을 때는 이미 한밤중이었다. 치안이 불안한 까닭에, 현지 경찰이 나와 우리 차량을 에스코트해 주었다.

당시 네팔에 누가회 출신 강원희 외과 의사 선교사님이 계셔서, 진료 사역을 함께 했다. 또 그 지역 의료 사역 후에는 누가회 양승봉 외과 의사 선교사가 근무하는 탄센 병원을 방문하기도 했다.

그 무렵 네팔 시골 지역에는 따로 호텔 같은 숙소가 없었다. 그런 연유로 에베레스트 등산 안내자(세르파) 출신들이 도우미로 우리 팀에 와서, 들판에 야외 숙소용 삼각 텐트를 쳐주고 오리털 침낭을 마련해 주었다. 우리는 거기서 잤다. 세르파들이 식사까지 준비해 주었기에, 우리는 먹고 자는 데 큰 불편함이 없었다.

그들은 삽으로 땅을 파서 임시 화장실도 만들어 주었다. 임시 화장실 위에는 삼각 텐트를 덮어서 재래식 화장실로 이용했다. 그곳은 아주 가난하고 외진 시골 지역이어서 현지인들의 주거 환경이 매우 열악했다.

나중에 짬을 내어 현지인들이 사는 집을 잠깐 방문했었는데, 흙

벽돌로 담을 쌓고, 지푸라기를 엮어 지붕을 얹은 전형적인 초가집들이었다.

집들의 크기도 다들 크지 않았는데, 작은 공간 안에서 한쪽은 주거용 침실로 사용하고 있었고, 한쪽은 부엌으로 사용하고 있었다. 군불을 때서 요리를 하니, 그을음과 연기가 천장과 실내에 남아 있었다.

심지어 집안에서 닭과 오리 같은 가축을 같이 기르는 모습을 보니, 호흡기 질환 환자가 많을 것 같았다.

우리가 도착한 다음 날이 밝자, 동네 환자들이 엄청나게 몰려왔다. 마치, 장이 선 것처럼 몰려들었다. '구름 떼 같이 몰려온다'는 말을 그때 실감했다.

전등도 없고, 창에 유리도 없으며, 그저 벽돌로 벽만 쌓아올린 건물. 천장에는 양철 지붕을 얹은, 열악하게 생긴 시골 초등학교에서 이틀간 진료했다. 첫날은 천여 명, 둘째 날은 천오백 명 정도가 모였다. 현지 네팔 경찰들이 와서 환자들을 줄 세워 순서대로 진료를 받게 했다.

같이 간 누가회 의사들 모두가 진료에 정말 열심이어서, 밤이 되어 캄캄해질 때까지 진료했다.

초등학교에 전기가 안 들어와 캄캄해지니까, 손전등을 비춰가며 밤 8시가 넘어 온 마지막 사람까지 봐줬다.

네팔은 카스트 제도가 강력한 나라이다. 밤늦게 오는 환자들은 옷차림도 매우 남루하고 대부분 불가촉천민들로 보였기에, 더 안쓰러운 마음이 들었다.

결국 약국에서 사고가 발생했다. 진료 후, 약을 타려는 환자들이 약국 앞에서 진을 치며 북새통을 이루는 바람에, 이름이 같은 몇몇 환자들이 서로 약을 바꿔 받아간 것이다.

우리 팀 약사와 그 지역 네팔 현지 봉사자들이 함께 약국에서 약 조제를 하고 환자들 이름을 부르며 약을 나누어 주었는데, 그 지역에 비슷비슷한 발음의 이름들이 많고, 동명이인들도 많아서 이런 실수가 나왔던 것 같다.

첫날은 어찌어찌 해서 넘어갔는데 둘째 날은 진료 마감일이니까 더 많은 사람들이 몰렸다. 거의 천오백 명을 진료하다 보니, 진료 후에 약을 받지 못한 환자들이 생겼다.

우리에게 진료를 받은 뒤, 받은 처방전을 약국에 냈다는데, 그들이 받아야 할 약을 다른 사람이 받아 가는 바람에 약을 못 받은 것이다. 이러한 이유로 십여 명이 약을 못 받았다.

그중에서 몇 명은 다시 처방전을 발급받아 약을 받도록 했는데, 밤새도록 진료할 수는 없어서, 모두가 처방전을 재발급 받지는 못했다.

약을 못 탄 환자들은 몇몇 현지인들과 서로 언성을 높였는데, 거의 싸움이 날 지경이었다. 그 지역 주민들이 영어를 할 줄 모르기에, 우리가 개입하여 중재할 수도 없었다. '그래도 어떻게든 나서야 하나' 하는 고민이 우리 팀 안에서 떠오를 때쯤, 옆에 계시던 강원희 선교사님이 "이 중에는 너무 늦게 와서 진료를 못 받았는데, 혼란을 틈타 다른 이들의 약만 받아가려는 사람이 있을 수 있다. 우리가 나서면 오히려 소란이 커질 수도 있다"라고 말씀하셨다. 그래서 결국은 그 지역 봉사자들에게 중재를 맡기고 버스로 철수한 적이 있다.

이 사건 때문에, 그 이후로는 어느 나라, 어느 지역을 가든지, 약국에서 실수가 없도록 반드시 환자들의 차트와 손목 두 곳에 이름과 번호를 모두 적는다.

접수할 때 환자의 손목에도 매직으로 접수 번호를 적어서 동명이인이나 발음이 비슷한 사람이 다른 사람의 약을 받아가지 않도록 조심하는 계기가 되었다.

이 날 일을 생각할 때마다, 진료 받고도 약을 받지 못해서 못내 섭섭해하던, 가난한 환자들이 떠올라 미안해진다.

"우리가 다 실수가 많으니 만일 말에 실수가 없는 자라면 곧 온전한 사람이라"(야고보서 3:2a)

영화의 한 장면처럼
달리던 열차에서 뛰어내려야 했던 일

"이르시기를 너희는 가만히 있어 내가 하나님 됨을 알지어다 내가 뭇 나라 중에서 높임을
받으리라 내가 세계 중에서 높임을 받으리라 하시도다"(시편 46:10)

2004년에는 뭄바이로 가서 하루 동안 도시 빈민가 진료를 했다. 그 후에 국내선 비행기로 갈아탄 뒤 하이데라바드란 도시로 갔고, 거기서 다시 열차로 오릿사 주의 작은 마을에 있는 교회로 봉사를 갔다.

2004년 겨울, 그 많은 인원과 장비, 공용 짐을 침대칸 기차에 싣고 1박 2일 밤 열차를 탔다. 열차 안에서는 현지 인도인들과 간식도 사 먹고, 그들의 국민 차인 '짜이'를 사서 마시기도 했다.

다음날 아침, 우리가 내려야 할 작은 도시의 간이역에 도착했다. 여자들과 아이들이 먼저 내린 후에 청년들과 남자들만 남아 공용

짐과 가방들을 내리기 시작했는데, 그때 예상치 못했던 문제가 생겼다.

인도 기차는 역마다 정차 시간이 달랐다. 어떤 곳은 오래 서고, 어떤 곳은 짧게 섰다. 이곳은 큰 도시가 아니라서 정차 시간이 매우 짧은 것을 미처 예상 못한 것이다. 이 역에서의 정차 시간은 겨우 2분 정도였다. 2분 후 바로 열차가 출발할 것을 아무도 몰랐다.

사람들이 내리고, 이제 본격적으로 짐을 내리려는데, 열차가 바로 출발해 버린 것이다.

당황한 우리는 짐을 열차 밖으로 던지기 시작했다. 그러다 열차 속도가 점점 빨라지니, 더는 안 되겠다 싶었다. 남은 공용 짐들은 어쩔 수 없이 다음 역에 내려 찾기로 했다. 그런데 짐을 모두 내릴 만한 역은 9시간 후에나 도착한다고 하여, 모두가 다 함께 갈 수는 없겠다는 결론이 나왔다. 짐을 관리하고 내릴 최소한의 인원을 제외한, 나머지 사람들은 지금 역에서 내리기로 했다. 열차는 이미 어느 정도 속도가 붙었기에, 다들 못 내릴까 봐 마음이 급해졌다. 그래서 대다수의 팀원들은 위험을 무릅쓰고 달리는 열차 밖으로 뛰어내리기 시작했다.

나도 내려야 했다. 다른 사람을 피해 반대쪽 문으로 그냥 뛰어내리다 보니, 눈앞에 철제 사각 전신주가 보였다.

그대로 전신주에 얼굴이 부딪힐 것 같았다. 나도 모르게 눈을 감으면서 '나는 이제 죽었구나!'라고 생각했다.

잠시 후 눈을 떠 보니, 철제 전신주에 부딪히지는 않았다. 다만 선로 바닥 굵은 자갈들에 엉덩이를 세게 부딪친 상태였다. 너무 아팠다. 바지를 내리고 다친 부위를 보니 온 엉덩이가 시퍼렇게 멍들어 있었다. 다리 쪽으로도 멍이 내려와 있었다.

그 피멍과 통증이 사라지기까지는 무려 한 달이 걸렸다.

그때 최창훈 담임 목사님도 뛰어내리시다 무릎을 다쳤고, 이 일로 인해 몇 년 후에는 무릎 수술까지 받아야 했다.

현지 A 한인 선교사님은 뛰어내리면서 발등이 꺾여 발등뼈와 인대에 부상을 당했다. 한 달 이상을 절뚝거리면서 다녀야 했다. 이 외에도 부상당한 청년들이 여럿 있었다.

그나마 이쯤해서 끝난 것은, 다행히 열차 안에 있던 인도 사람들이 뛰어내리는 외국인들을 보고 긴급 정지 신호를 울렸기 때문이다. 열차가 조금 후에 멈췄고, 다행히 남은 인원들과 모든 짐을 무사히 내릴 수 있었다.

오릿사의 그 작은 열차 역에서 다시 트럭에 짐을 싣고, 사람들은 봉고차를 타고 또 먼지가 풀풀 일어나는 좁은 시골길을 따라 몇 시간을 이동했다. 저녁쯤에는 골짜기 오지 지역의 작은 마을에 세워진 교회에 도착했다. 모든 짐을 풀고 사역을 시작했다. 거기에도 따로 여행자 숙소가 없었기에, 교회 시멘트 바닥에 돗자리 같은 것을 깔고 각자 챙겨온 개인 침낭을 이용하여 잠을 잤다.

시골이라 수도 시설이 없어서, 물은 우물물을 이용했는데, 차가운 우물물을 길어 큰 통에 받아서 세수를 하고, 저녁에는 교대로 찬물로 샤워를 했다.

마당에 천막을 치고, 진료실을 만들어서 모여든 마을 주민들과 환자들을 진료했는데, 꽤 멀리서도 사람들이 몰려왔다.
이틀간 거의 이천여 명의 환자들을 진료했다. 진료한 환자들에게 전도하고, 기도해 주었다.
아찔했던 열차 사고와 벽지 시골의 불편함에도 불구하고, 한 명도 불평하는 사람이 없었다. 사고를 겪어서 무섭다고, 다시는 안 가겠다는 사람도 없었다.

그 뒤로도 그 교회 담임 목사님은 변함없이 선교 팀과 함께 선교를 갔다. 지금까지도 매년, 그 교회는 단 한 해도 빠지지 않고 계속 선교를 하고 있다.

그 팀과 십 년을 같이하다가, 사정이 생겨 몇 년 쉬었다. 그러다 다시 2015년에는 캄보디아, 2016년과 2020년에는 태국 치앙마이 선교지에서 구정 연휴를 그들과 함께 보냈다.

세월이 흐르며 이전의 청년들 중 상당수는 결혼을 했다. 직장 문제 등으로 빠진 청년들도 있었다. 빠진 청년들이 있는 만큼, 새로운 청년들이 들어와서 합류하기도 했다. 많은 얼굴들이 바뀌었어도, 예전의 그 감동만큼은 그대로였다.

예전에 중고등학생으로 선교를 따라다녔던 청소년 몇 명이 벌써 의사 3명, 약사 3명, 그리고 간호사들이 되어 있었다. 이들이 어느새 의료인으로 성장하여 함께 봉사하는 모습을 보게 되었다.

중간중간에 몇 번씩 사정이 생겨 같이 가지 못했지만, 그 팀과 열정적인 청년들을 생각하면 마음이 따뜻해지고, 언제든지 그들과 선교지에서 함께 은혜를 나누고 싶다는 생각이 든다.

"너는 그리스도 예수의 좋은 병사로 나와 함께 고난을 받으라."(디모데후서 2:3)

기생충을 토해내던
필리핀 산지족 아이들

"하나님이 지나간 세대에는 모든 족속으로 자기의 길들을 다니게 묵인하셨으나"(사도행전 14:16)

2007년, 2월 구정 연휴에 필리핀 북부 바기오 지역의 고산 지대 오지를 다녀왔다.

인천에서 저녁에 출발한 비행기가 자정에 마닐라 공항에 도착한 뒤, 단체 짐을 찾아 바로 버스를 타고, 밤새 달려 바기오에 도착하니 아침이 되었다.

아침 식사 후 다시 하루 거리의 북쪽 본똑이란 산악 마을을 향해 종일 버스를 타고 갔다.

이 지역에는 예전에 식인 관습이 있었다. 부족 간에 전투가 발생하면, 승리한 사람들이 패배한 사람들을 먹었다고 한다.

지금은 다행히 식인 습관이 없어졌다.

그렇지만 지금까지도 호전성은 여전해서, 산족 사람들은 필리핀 전통 칼을 허리에 차고 다닌다고 한다.

분명 자정에 마닐라 공항에서 내렸는데, 바기오 북쪽에 있는 본뜩 마을에 도착하니 오후 5시였다.

여기서부터는 버스가 들어갈 수 없을 만큼 외진 산길이어서, 다시 여러 대의 지프니에 짐을 옮겨 싣고 3시간 가까이 낭떠러지 산길을 가니 어느새 해가 졌다. 컴컴한 밤에 출발했는데, 캄캄한 밤이 되어서야 겨우 도착한 것이다.

사방이 어두워 도무지 주변 파악이 안 되었다. 하지만 그렇다고 거기에 가만히 있을 수도 없었다. 팀원 모두가 그 많은 짐들을 챙겨 계곡 사이의 구름다리를 건넜다. 겨우 한 사람이 건널 수 있을 만한 좁은 흔들다리를 조심스레 건너는데, 다들 땀을 비 오듯 흘렸다. 모든 짐을 다리 건너편 멀리 떨어진 마을 교회까지 운반하고 나서야 비로소 다들 단잠에 곯아떨어질 수 있었다.

다음날 새벽, 옆방 팀원들의 기도 소리에 잠에서 깼다. 피곤한 가운데도 부지런한 사람들 덕분에 도전이 되었다.

우리 방 팀원들도 일어나 함께 QT와 중보 기도를 하고, 아침 식사를 먹었다. 그리고 바로 마을 초등학교에서 진료를 시작하였다.

이틀 동안 여섯 명의 의사들이 대략 하루 오륙백 명 정도씩 진료를 했다. 적지 않은 산속 오지 마을 주민들을 진료하였다.

'이쪽 고산 지대에 마을들이 별로 안 보이던데, 환자들은 왜 이리 많나'라는 생각을 했었는데, 듣자 하니, 멀리 떨어져 있는 지역에서도 많은 이들이 오랜 시간 걸어왔다고 했다.

식수 위생이 좋지 않아서 그런지, 기생충 환자들이 많았다. 내가 진료를 할 때도 어떤 초등학생이 10-20cm 길이의 길쭉한 회충 여러 마리를 입으로 토해냈는데, 그 모습이 참으로 안쓰러웠다.

50년 전 내가 초등학교에 다닐 때 주변에 가끔 기생충을 토하는 친구들이 있었는데, 그때 생각이 났다.

그 기생충이 기도로 역류해서 들어가면 폐렴을 일으키기도 하고, 기도를 막으면 질식사를 일으키기도 한다.

우리나라는 50년 동안 눈부신 발전을 이뤘지만, 그곳은 앞으로도 발전 가능성이 보이지 않는, 아주 깊은 산속 오지라서 내 마음이 좀 답답해졌다.

진료를 받은 환자들이 약을 받기 위해 기다리는 동안, 고현교회 전도팀 젊은 청년들이 환자들 전체를 대상으로 일대일 전도를 했다. 그 모습이 너무 보기 좋았다.

날이 밝은 뒤 돌아본 이 마을은 정말 궁벽한 오지 산간 마을이었다. 마을로 들어오는 길은 산허리 중턱을 깎아 만든 협소한 계곡 길이었는데, 아차하면 까마득한 천 길 낭떠러지로 떨어질 수 있는 그런 험로였다.

그래도 여기까지는 차라도 들어올 수 있었는데, 더 깊숙이 들어가면 차도 못 들어가는 깊은 계곡에 작은 마을들이 더 있다고 했다.

그 마을을 한 번 다녀오는 데만도 상당한 용기가 필요했다. 솔직히 두 번은 가고 싶지 않은 너무 위험한 산속 길이었다.

그 비좁은 낭떠러지 길을 가다 보면 작은 기념비 같은 교통사고 위령소가 즐비했다. 그 작은 성당 같은 집들이 모두 차 사고가 난 자리에서 죽은 영혼들을 기념하고 위로하기 위해 만들어 놓은 것들이라 했다.

그 위험하고 험한 길을 17년 동안 다니면서 선교에 헌신하시는 권영수 선교사님을 보며, 마음이 숙연해짐을 느끼지 않을 수 없었다.

그들은 마닐라에서 이틀 거리이고, 바기오에서만도 하루 이상 걸리는 깊은 산속에서 태어나, 그곳에서 원시인처럼 살다가 죽는다. 소망 없이 죽어가는 사람들이 복음을 듣고 회심하여 우리와 같은 하나님의 자녀가 된 산속 마을 작은 교회 교인들을 보면서 감사했다.

그래서 오직 그 교인들의 자녀들이 잘 자라고 잘 교육 받아서 필리핀과 세계를 이끌어 가는 지도자들이 되기를 기도했다.

하지만 아직도 예수님을 모르고 있는 수없이 많은 사람들을 보면서 안타까움을 동시에 느꼈다.

권영수 선교사님(70세)이 바기오에 초중고와 대학을 세워 그들의 자녀들을 가르치고 계셨다.

그 사역이 초창기 우리나라에서 있었던 것과 동일한 사역이었고, 우리가 그런 열매가 되었기에 그들에게도 우리나라와 같은 복이 임하기를 모두 합심으로 기도하였다.

하나님의 살아 계심과 성령의 역사를 눈앞에서 보고 확인할 수 있는 곳이었기에, 우리도 그런 현장에 함께 있다는 것이 참으로 감격스럽기도 했다.

"하나님이 당신의 죄를 용서하시기 위해 지불하신 모든 대가(십자가의 비극)를 알면 당신은 결코 하나님의 사랑에서 벗어날 수 없

을 것이다."라는 오스왈드 챔버스 목사님의 말을 여러 번 깊이 생각
하는 기회가 된 시간이었다.

"알지 못하던 시대에는 하나님이 허물치 아니하셨거니와 이제는
어디든지 사람을 다 명하사 회개하라 하셨으니"(사도행전 17:30)

단기선교 취소 결정 후,
아들을 잃을 뻔했던 경험

"또 내가 내 영혼에게 이르되 영혼아 여러 해 쓸 물건을 많이 쌓아 두었으니 평안히 먹고 마시고 즐거워하자 하리라 하되, 하나님은 이르시되 어리석은 자여 오늘밤에 네 영혼을 도로 찾으리니 그러면 네 준비한 것이 누구의 것이 되겠느냐 하셨으니"(누가복음 12:19-20)

우리가 스리랑카에 처음 간 것은 2005년 여름이었다. 그때 박남규 목사님과 팀장 한태희 집사님 중심으로 40명 정도가 스리랑카에 갔다. 그곳에 안한준 선교사님은 스리랑카 실업인 선교사로 한인 교회의 장로님이셨다. 직원이 700명 정도 되는 큰 도자기 회사를 운영했다. 거기서 번 돈으로 그때까지 교회를 24개나 세웠다.

당시 스리랑카는 남, 북이 내전 중이어서 콜롬보 인근에서만 3일 사역을 했고, 사방에 경비가 삼엄했다. 어디나 군인들이 총을 들고 무장 경계를 하는 모습을 볼 수 있었다.

안 선교사님이 40명의 많은 인원의 선교 팀과 사역한 것은 처음이라서 많은 인원들의 여러 가지 요구 사항을 들어주느라 힘들어하셨다. 안 선교사님 생각은 선교하러 온 팀은 으레 작은 불편함 정도는 당연히 감수하고 불평, 불만이 없을 줄 알았던 것 같다.

안 선교사님은 원래 성격이 무뚝뚝해서 사람들을 세세하게 챙겨주는 스타일이 아니었다. 그 후 오래 겪어 봤지만 항상 그 모습 그대로였다.

현지 선교사가 우리를 친절히 세세히 준비해 주지 못하고 우리가 알아서 하라고 한다며 한두 명이 안 선교사님을 대놓고 서운해했다. 안 선교사님도 그런 우리 팀을 못마땅하게 여기셨던 것 같았다. 선교 정신이 부족하고, 봉사 정신이 모자란 팀 정도로 생각하고 언짢게 여겨 우리 팀과 다시 만날 것을 기대하지 않는 것 같았다.

다른 교회에서 온 십여 명 정도의 젊은 주일 학교 교사 선교 팀과 샬롬 선교단이라는 다른 찬양 선교 팀들은 호텔에서 숙박도 안 하고, 선교사 숙소나 지역 교회에서 침낭으로 지낸다고 했다. 그런데 우리는 인원이 많은 관계로 호텔과 호텔 식당에서 식사하며 지내는 모습이 안 좋아 보였을 수도 있다.

또 진료 봉사에도 많은 봉사자들과 통역들이 필요했으니, 준비할 것이 적은 다른 소규모 선교 팀들과는 달라도 많이 다를 수밖에 없었다.

그 당시 현지 식당 식사들이 별로여서 나중에는 예약된 식당을 바꿔 식사를 하기까지도 했기에 다음 기회를 기대하지 않게 되었다.

그래서 당연히 스리랑카는 그 한 해 봉사로 끝날 것으로 여겼다. 그런데 그 다음해가 되자 스리랑카에서 다시 와 달라는 연락이 왔다.

우리가 다녀간 뒤 좋은 효과들이 많이 생겨서 현지 스리랑카 목사님들과 현지 교회 교인들이 우리가 다시 오기를 바란다는 것이었다. 박 목사님이 내게 책임을 맡아 다시 가달라고 했고 나는 순종하는 마음으로 대답을 하게 되었다.

2006년에도 40명 정도가 갔는데, 이번에는 서로 별 어려움이 없이 순조롭게 진행되었다. 그리고 그것으로 스리랑카 선교는 쉬기로 했다. 그런데 그 뒤 선교사님으로부터 현지 목사님이 써서 보낸 이메일이 왔다.

우리 팀이 진료 봉사를 다녀간 쿨리야피티야 지역에서, 그곳의 힌두교인 한마을 주민 전원이 집단 개종하여 교회에 새 신자로 등록 했다는 것이었다. 그러면서 내년에도 다시 계속 선교를 와 달라고 요청했다.

그 놀라운 기적 같은 보고를 전해 듣고는 안 간다고 할 수가 없었다. 그래서 2007년에 다시 가려고 팀원들을 모집하여 선교 준비를 했다.

그런데 2007년에 아프간에서 샘물교회 단기 선교 팀원들이 2달간 납치되었고 2명이 순교하는 일이 발생했다. 그때 출발 1주일 전에 교회에서 스리랑카도 위험 지역이니 선교팀 사역을 취소하면 좋겠다고 결정을 하였다.

그래서 박남규 목사님이 팀장인 나에게도 취소하면 어떻겠는지 내 의견을 물어보는데, 뭐라고 대답하겠는가? 교회에서 가지 말라고 하는데 그 뜻을 어기면서 갈 사람은 별로 없을 것이다.

그래서 출발 1주일 전에 스리랑카 안 선교사님께 메일을 보내 모두 취소했다. 만일 사고가 나면 모든 책임을 질 수는 없었다. 안 선교사님이 매우 서운해했음은 말할 필요가 없을 것이다.

우리가 취소하니 당연히 스리랑카에서는 여러 부작용들이 생겼다. 호텔, 식당, 버스 업체 등 위약금을 물어주는 것은 별거 아니었다.
더 큰 부작용은 그쪽 교회들이 불교도와 힌두교 지역 주민들에게 의료 봉사 팀이 온다고 광고했는데, 우리가 가지 못한다니까 스리

랑카 교회들이 그곳 주민들에게 거짓말을 한 셈이 되어 선교에 장
애가 되었다는 것이었다.

스리랑카는 아프가니스탄하고는 달라서 그런 테러 같은 사고의
위험이 없는데도 지레 겁을 먹었다고 너무 섭섭해했다는 말을 들어
야 했다.
그래서 약속을 했다. 그때는 못 갔지만, 다음에 나라가 안정이 되
면 한 번은 꼭 다시 가겠다고 했다.

나는 그 선교 기간 동안 어차피 병원이 휴가로 문을 닫아서 전라
남도 홍도 섬으로 가족 여행을 갔다. 그런데 그 섬에서 우리집 중학
생이던 막내가 위험한 사고를 겪게 되었다.
섬의 바닷가에서 나와 같이 수영을 하다가 독성 해파리 유충에게
물렸는데 처음에는 오른쪽 등이 가렵다고 했다. 거기를 보니 폐 부
위에 해파리에 물린 자국이 있었다.

조금 지나니 온몸에 두드러기가 생겼고, 고열이 나기 시작했고
점차 호흡 곤란이 와서 한 시간쯤 지나니 숨쉬기조차 힘들어했다.
그 섬에 병원은 없었고, 다행히 간호사가 있는 보건 진료소가 있
었는데 약은 별로 없었다. 그곳 간호사는 가끔 해파리에 물리는 환

자들이 있다면서 여기에 계속 있으면 위험하니 목포의 병원으로 나가서 치료를 받으라고 했다. 그래서 헬기를 불러 달라 했더니 먼 곳인 데다 밤이 되어 헬기는 못 온다고 했다.

39도 이상의 고열이 나면서 숨을 못 쉬고 있는 아이를 그냥 놔둘 수가 없어서 일단 포도당 수액을 달고, 주사약이 뭐가 있는지 물어보니 별로 없다고 한다.

겨우 있는 이뇨제와 해열제 주사를 놓고는 아이를 살려달라고 간절히 기도했다.

병원이 아니니 응급 처치 주사약도 없었고, 심지어 산소도 없었다. 포도당 하나 달랑 달고 오직 기도밖에 할 게 없었으니 얼마나 답답했겠는가?

스리랑카에 갔다면 우리 아이가 여기 안 왔을 것이고 이런 사고가 안 생겼을 텐데 하는 후회가 밀려왔지만 이미 돌이킬 수는 없었다.

우리 막내아들이 진짜 죽는 줄 알았다.

그때까지 해파리가 그렇게 무서울 줄은 상상도 못했다.

해파리 독이 복어 독처럼 신경 마비를 일으켜 호흡 마비를 일으킬 수 있다는 것을 처음 알았다.

해파리 독 때문에 횡격막 신경 마비가 와서 숨을 제대로 못 쉬고 헐떡헐떡이며, 아들이 나에게 "아버지 숨쉬기가 힘들어요, 숨이 잘 인 쉬이져요." 하고 호흡 곤란을 호소하는데, 진짜 미칠 것 같았다.

의사인 아버지가 주사약이 없어서, 자기 아들 응급 처치도 못해서 아들이 죽는 것을 지켜봐야 하는 그 당시 그 심정은 말로 표현할 수 없을 정도로 죽도록 괴로웠다.

실제로 우리나라에서 여름마다 해파리에 물려 죽는 사람들이 있다. 중국에서는 해마다 해파리에 물려 죽는 사람들이 여러 명씩 있다고 뉴스에 나온다.

해파리는 성충보다 유충이 독이 더 강하다.

다행히 서너 시간이 지나면서 호흡 마비가 더 진행되지는 않았고, 아주 조금씩 좋아지기 시작했다. 또 마침 늦은 시간에 연착한 여객선이 섬에 들어왔다.

불안해하며 혹시라도 잘못되면 자기가 책임지기 싫은 보건 지소 간호사는 어서 빨리 배를 타고 육지로 나가라고 재촉했다. 우리도 배로 육지로 나가 큰 병원에서 제대로 치료받을 수 있어서 다행이다 싶어 얼른 짐을 다 챙겨서 한밤중에 온 가족이 휴가를 취소하고 다시 육지로 나왔다.

그 사건으로 하나님이 깨닫게 해 주신 것이 하나 있었다. 사람들이 스스로 안전하다고 생각하는 장소가 진짜로 가장 안전한 곳은 아니라는 것이다.

하나님께서 함께하시며 지켜 주시는 곳이 세상에서 가장 안전한 장소라는 것이다. 하나님의 손길이 보호하지 않는 곳이 있다면, 그 곳이 바로 생명이 위험한 장소라는 교훈이다.

실제로 군인들과 피난민들이 총알이 날아다니는 전쟁터에서는 살아남았지만 안전한 고국이나, 고향에서 교통사고나 일반 재해 사고로 죽는 사람들이 훨씬 더 많다.

"주께서 생명의 길을 내게 보이시리니 주의 앞에는 충만한 기쁨이 있고 주의 오른쪽에는 영원한 즐거움이 있나이다."(시편 16:11)

미얀마에서의 열매

"주의 손이 그들과 함께 하시매 수많은 사람들이 믿고 주께 돌아오더라."(사도행전 11:21)

2019년 1월에 K 선교사님이 사역하는 미얀마의 양곤의 변두리에 있는 한 개척 교회에 의료 선교를 갔다. 그 교회는 개척된 지 몇 년이 되었지만 성인 교인은 한 명도 없었다.

그곳 K 선교사님이 10년 전에 미얀마에 들어가서 선배 선교사님으로부터 기존 한 곳 교회를 사역 인계 받아 열심히 사역하였다. 기존 교회는 미얀마인들 십여 명이 모이는 작은 교회였다.

그 선교사님은 기존 교회 사역을 병행하면서, 교회가 없는 다른 지역에 교회를 새로 개척했다.

미얀마의 종교법은 1965년 이후로 새로운 교회 건축 허가를 내

주지 않고 있다고 한다.

　건물에 교회 간판을 붙일 수 없는 종교법 때문에 새 건물을 지어도 교회 간판이나 십자가를 세울 수가 없었다. 그래서 유치원으로 간판을 달고 몇 년째 동네 어린이들만을 모아 어린이집을 운영하는 중이었다.

　우리가 그곳에 가서 기존 교회와 새로 개척된 교회 두 곳에서 2일간 의료 선교를 했다.

　진료가 필요한 동네 주민들을 초청하여 진료해 주고, 진료 받은 분들을 대상으로 현지인 사역자를 통하여 진료가 끝난 전체 환자들에게 복음을 전했다.

　하나님께서는 미얀마에서 이번에도 주의 종들을 통하여 놀라운 역사를 이루어 가셨다. 우리가 다녀간 후에 성인 교인이 한 명도 없었던 그 개척 교회에 성인 초신자 몇 명과 주일 학교 학생들 여러 명이 정식 교인으로 등록하였다.

　그 개척 교회에서 얼마 후 처음으로 불교도 부모들의 허락하에 3명에게 정식 세례식도 실시하였다. 자기 자식들이 승려가 되는 것을 최고의 명예와 자랑으로 생각하던 그 동네 사람들이 바뀐 것이다.

미얀마는 우리나라보다 먼저 복음이 들어간 나라이다.

아도니람 저드슨 선교사가 미얀마에 들어갈 때 미국 최초의 개신교 중 침례교 선교사로서 25세에 버마에 갔다. 1813년이었다.

무려 200년 전이었고 평생 선교에 힘써 37년 후인 1850년 죽기 전에 63개의 교회가 세워졌고, 7,000명의 버마인과 카렌족이 세례를 받았다고 한다.

현재 미얀마에는 전국에 200만 명 이상의 기독교인이 있는 것으로 추정한다.

우리나라보다 무려 거의 100년 전에 복음이 들어간 것이다. 강력한 불교의 나라에 복음이 들어가 소수 민족들 중심으로 4% 가까운 수백만 명에게 복음이 전해졌으니 참으로 놀라운 일이다. 소수 민족을 뺀 버마족의 기독교인 비율은 2% 정도로 보고 있다.

아직까지 복음화율이 1%를 넘지 못한 나라가 너무 많은 것을 보면 그것도 대단한 일이다.

태국도 기독교인이 1% 정도이니 미얀마는 그보다는 더 많은 편이다.

그러나 반대로 생각해 보면 복음이 들어간 지 200년이 되었는데도 아직 인구의 96%는 복음을 듣지 못했거나 복음을 거부하고 있다고 볼 수 있다.

미얀마인들은 대단히 순박하고 정직하며 성실하다고 한다.

미얀마인들의 가장 큰 소원은 죽기 전에 불교 사원을 하나 지어 봉헌하는 것이라고 한다. 불교도들은 불교 사원에 금을 헌납하는 것을 대단한 종교심으로 생각하며, 빈부에 관계없이 가능하면 사원에 금을 많이 바치고 싶어한다.

다만 가난한 사람들이 비싼 금덩이를 살 수 없기 때문에 그 대신에 종잇장처럼 얇은 금종이를 사서 불상에 덧입힌다.

그래서 작은 돈으로 싼 금종이를 사서 불상에 금종이를 붙이는 공양을 대단한 불심으로 생각한다. 언젠가 태풍이 와서 사원의 금붙이 물건들이 시내에 쏟아졌는데도 단 한 개의 금조각도 주어가는 사람이 없어 단 한 개의 금붙이 물건도 분실되지 않았다고 한다.

그런 순박하고 정직한 수천만 명의 사람들이 평생 예수님에 대한 복음을 듣지 못한 채, 태어나서 죽을 때까지 불상만 바라보다가 죽어 하나님의 심판대 앞으로 간다.

버마족 100명 중에 98명의 사람들이 복음을 듣지 못하고 평생 우상에 눈이 멀어 살다가 죽는 것이다.

그 미얀마 수천만 명의 사람들에게 우리가 복음을 전하는 것은 현실적으로 불가능하고, 물리적으로 불가능한 일이다.

복음을 모르는 98% 불교도 버마족 미얀마인들에게 복음을 전하는 일은 미얀마 기독교인들이 해야 한다.

우리는 미얀마 기독교인들에게 제자 훈련의 노하우를 전수해 줄 수 있고, 그들의 전도와 선교를 위해 기도해 줄 수 있다.

우리가 그들과 아무 상관이 없다고 생각한다면 주님께서도 나도 너와 별 상관이 없다고 말씀하실지 모른다.

사도행전 8장 5-7절에 빌립 집사가 사마리아성에 내려가 복음을 전할 때 빌립의 말에 권능이 임하고 표적이 나타났다.

"많은 사람에게 붙었던 더러운 귀신들이 크게 소리를 지르며 나가고 또 많은 중풍 병자와 못 걷는 사람이 나으니 그 성에 큰 기쁨이 있더라"(사도행전 8:7)

수많은 병자들이 빌립 집사의 복음 선포의 전도와 예수 그리스도의 이름에 근거한 치유 기도에 의하여 악한 영으로부터 해방되며, 질병으로부터 완치를 받았다는 것이다.

이 일들이 신약 성경 사도행전 초대 교회 역사 안에만 기록된 과거의 말씀이 아니라 현재에도 비슷한 치유와 회복이 나타나고 있는 현재형의 사건들이다. 과거나 현대나 사람들은 수많은 질병으로 고통을 받고 있다.

그중에는 식습관이나 생활 습관이나 열악한 환경 오염으로 인해 비롯된 것들도 많다.

그렇지만 의사들이 현대 의학으로도 진단할 수 없는, 이유를 알수 없는 질병들도 수없이 많다.

수많은 가난한 나라의 순수한 사람들이 만성적인 두통과 불면증, 두려움과 공포, 선천적인 중증 질병이나 후천적인 불치병, 전신적인 만성 통증이나 육체의 아픔으로 고민과 고통을 안고 숙명으로 알고 살아간다.

우리는 그들에게 복음을 빚진 자들이다.

우리가 그들의 많은 질병과 정신적인 고민과 고통, 영적인 고통을 전부 다 알지 못한다.

안다 해도 해결해 줄 수 없지만, 우리가 그들을 위해 빌립 집사처럼 예수 그리스도의 이름으로 기도해 줄 수 있다.

그들이 우리처럼 예수님을 영접함으로, 죄의 문제로부터 해방되며, 영생을 바라보고 살도록 희망을 말해 줄 수 있다. 우리가 예수님께 기도함으로 치유의 은혜를 입은 것처럼 전인 치유의 의사이신 예수님께 치료 받도록 길을 알려 줄 수 있다.

"심지어 사람들이 바울의 몸에서 손수건이나 앞치마를 가져다가

병든 사람에게 얹으면 그 병이 떠나가고 악귀도 나가더라."(사도행전 19:12)

우리가 미얀마에 계속 의료 선교하러 갈 수 있기를 기대한다. 하나님께서 우리 선교 팀의 약품과 파스를 바울의 손수건과 앞치마처럼 질병 치료의 도구로 사용하시기를 기도하고 있다. 우리 선교 팀의 기도와 영혼 구원의 마음들이 하나님의 뜻 가운데로 모여지면 하나님께서 역사하실 것이다.

영혼 구원의 역사와 질병 치유의 권능의 역사가 나타날 것이다. 우리는 이 일의 증인들이다. "십자가의 도가 멸망당하는 자들에게는 미련한 것이요 구원을 받는 우리들에게는 하나님의 능력이 됨이라"(고린도전서 1:18)

우리들이 선포하는 십자가의 도, 예수 그리스도의 이름은 하나님의 능력의 증거가 된다.

우리는 말로만 노래로만 하나님의 사랑을 외치는 자들이 아니라, 행동으로 순종하는 자들이다. 삶으로, 행동으로 순종하는 주님의 종들을 통해서 하나님은 능력으로 역사하신다. 하나님께서는 그동안 미약하고 무능한 주의 종들을 통하여 사도행전의 기록처럼 성령님의 능력으로, 수많은 환자들의 질병을 치유하셨다.

그 결과로 미얀마에서도 여러 사람들이 예수님 앞으로 돌아오는 것을 보게 하셨다. 그들의 영혼이 예수님을 향하여 갈급해 하여 교회에 나오는 것을 목도하게 하셨다.

또한 교회가 없는 지역에 또 다른 새로운 교회를 건축하고 개척하도록 새길을 열어 주셨다.

하나님께서 앞으로도 우리를 사용하여 계속 기적들과 표적들과 이적들을 일으키실 것이다.

"하나님의 지혜에 있어서는 이 세상이 자기 지혜로 하나님을 알지 못하므로 하나님께서 전도의 미련한 것으로 믿는 자들을 구원하시기를 기뻐하셨도다"(고린도전서 1:21)

2부

선교해야 할 이유들

단기 해외 의료 선교의
필요성

"하나님은 모든 사람이 구원을 받으며 진리를 아는 데에 이르기를 원하시느니라"(디모데 전서 2:4)

세상에 유명한 사진들이 있다. 사진 한 장, 그것만으로 하고 싶은 말을 대신할 수 있을 때가 있다.

먼저, 2001년 9월 11일 뉴욕 테러 당일 아침에 찍힌 사진 한 장을 예로 들고 싶다. 그 사진을 보면 건물에 충돌하려는 비행기를 배경으로, 아무것도 모른 채 기념사진을 찍은 어떤 한 남자의 모습이 보인다.

푸른 하늘과 건물, 비행기를 뒤로하고 멋진 배경에 잘 어울리고 미남의 남성이 미소를 지으며 편하고 자연스럽게 기념사진을 찍고 있는 모습이었다.

하지만 바로 그다음 순간 비행기가 폭발하고 건물이 무너지며 그는 사망하게 되었다.

단 1분 후를 모르고 있는 것이다. 얼마나 안타까운가?

하지만 그 사람만 불쌍할까? 영원한 시간에 비추어 보면 예수님을 모르고 지옥을 향해 가고 있는 모든 사람들이 그 사람과 동일한 운명이라고 생각한다.

두 번째 예로 들 사진도 아주 유명한 작가의 사진이다. 그 사진도 보신 분이 많으실 것이다.

1993년 수단에서 케빈 카터라는 전문 사진작가가 찍은 것으로서, 퓰리처상을 받은 작품이다.

퓰리처상은 흔히 기자들에게 노벨상에 버금가는 유명한 상이라고 한다.

바로 배고파서 서서히 굶주려 죽어가는 한 어린 소녀와 그 소녀가 빨리 죽기를 기다리는 역시 배고픈 독수리 한 마리의 사진 이야기이다.

너무 굶주려서 걸어갈 힘이 없어 길가에 기진해 쓰러진 아이와 그 아이를 빨리 먹고 싶어서 어서 죽기를 기다리는 독수리의 모습에서 너무 실감나게 안타까움이 느껴진다.

이런 사진 때문에 선교사의 길로 가게 된 사람도 있다.

그 사진의 비참함에 감동받고 아프리카로 선교하러 가게 되었다고 한다. 사실이다.

그분뿐만 아니라 많은 사람들이 이 사진 때문에 아프리카를 돕는 일에 나서게 되었다.

그러나 그 사진작가는 왜 죽어가는 그 아이를 구해 주지 않고 사진만 찍었느냐는 수많은 사람들의 비난을 견디다 못해 두 달 뒤 자살하여 더욱 안타까운 사연의 주인공이 되었다.

먼저 선교는 왜 해야 하는가?

예수님은 선교사로 오셨다. 하늘 보좌를 버리시고 인간으로 태어나셨다. 인간이 이해할 수 있는 모습을 하시고, 인간의 문화에 적응하시고, 인간이 이해할 수 있는 인간의 언어로 말씀하셨다.

예수님이 사역을 시작하시고 하신 일에 대해서 마태복음 4장 23절을 보면, "예수께서 온 갈릴리에 두루 다니사 그들의 회당에서 가르치시며, 천국복음을 전파하시며, 백성 중의 모든 병과 모든 약한 것들을 고치시니라"라고 말씀한다.

예수님이 공생애 사역 기간에 가장 중점적으로 하신 일은 복음을 전하는 일, 즉 전도하는 일이었다.

마가복음 1장 38절에 "이르시되 우리가 다른 가까운 마을들로 가자 거기서도 전도하리니 내가 이를 위하여 왔노라"라고 말씀한다. 39절에 "이에 온 갈릴리를 다니시며 귀신들을 내쫓으시더라"라고 기록하고 있다.

예수님은 선교하러 세상에 오신 것이다.

그 선교 사역의 내용 중에 중점을 두신 사역이 복음을 전파하고, 말씀을 가르치시고, 병자를 고치신 것이다.

물론 모든 사역을 하시면서 12제자를 택하셨고 훈련을 시켰다.

왜 제자들을 훈련시켰는가? 바로 예수님을 본받고, 예수님처럼 똑같은 사역을 하도록 교육시키고 훈련하신 것이다.

마태복음 9장 35절에도 "예수께서 모든 도시와 마을들을 두루 다니시며 천국복음을 전파하고 모든 병과 모든 악한 것들을 고치시니라"라고 말씀하신다.

바로 다음 36절에 "무리를 보시고 불쌍히 여기시니 이는 그들이 목자 없는 양같이 고생하며 기진함이라"라고 말씀하신다.

선교의 기초는 예수님의 마음, 즉 무리들을 불쌍히 여기시는 마음 즉 긍휼이다.

영어 단어 긍휼(compassion)의 'com'은 '함께하다'이고, 'passion'

은 '영혼을 불쌍히 여기는 마음', 영혼을 측은히 여기며 안타까워하는 것이다.

이어지는 37절에 "이에 제자들에게 이르시되 추수할 것은 많되, 일꾼이 적으니 그러므로 추수하는 주인에게 청하여 추수할 일꾼들을 보내주소서 하라"라고 말씀하고 있다.

어떤 추수할 것이 많은가? 바로 불쌍한 영혼들이 아니겠는가? 예수님을 모르고, 십자가의 대속의 은혜를 모르고 아직까지도 우상에 얽매여 지옥으로 가고 있는 수많은 영혼들을 예수님은 불쌍히 여기시고 계신 것이다.

그럼 추수할 일꾼들은 누구인가?

특별한 소명을 받은 어떤 목사나 선교사나 전임 사역자들인가? 만일 목사나 선교사만이 예수님의 일꾼이라고 한다면 우리는 예수님의 제자라는 말을 제한적으로 사용해야 한다.

우리는 선별적으로 우리에게 유리한 것, 이익이 되는 것, 감동적인 것, 편한 것, 마음에 와닿는 말씀은 내게 주신 말씀이고, 감동이 없거나 피부에 와닿지 않는 말씀은 나 아닌 다른 사람에게 하신 것으로 편하게 생각할 때가 있다.

축복과 은혜, 기분 좋아지는 말, 언약의 말씀은 자신에게 특별히 주신 레마의 말씀이라고 여기는 것이다.

그러면서 오용하는 구절이 있다.

바로 누구나 말하는 대위임령은 마태복음 28장 19-20절의, "그러므로 너희(○○○)는 가서 모든 민족으로 제자를 삼아 아버지와 아들과 성령의 이름으로 세례를 베풀고 내가 너희에게 분부한 모든 것을 지키게 하라 볼지어다 내가 세상 끝까지 너희와 항상 함께 있으리라 하시니라."라는 말씀이다.

우리들은 피동적으로 주어지는 말씀은 당연히 내게 주신 것이지만, 능동적으로 하라고 명령하는 말씀은 내게 해당되지 않는 것처럼 편하게 생각할 때가 많다.

그러나 성경의 말씀은 동일하다.

에베소서 5장 18절에 "술 취하지 말라 이는 방탕한 것이니 오직 성령으로 충만함을 받으라"라는 말씀을 가지고, "이 구절은 내게 주신 말씀이 아니고 목사나 선교사에게 하신 말씀이니 나는 술 취해도 상관없다."라고 해석할 사람은 아마 별로 없을 것이다.

바로 우리에게 "술 취하지 말고 성령 충만을 받으라"라고 말씀하신 것처럼, 예수님께서 우리에게도 "너는 가서 모든 사람에게 제자

삼으라"라고 동일하게 말씀하신 것이다.

동일하신 예수님이 바로 너희, 즉 우리 누구누구에게 너는 땅 끝까지 가서 모든 사람에게 전도하고, 제자 삼으라고 명령하신 것이다.

본인이 이 말씀을 인정하든 모른 체하고 거절하든 우리의 의사와 관계없이 적용되는 말씀이다.

그런 의미에서 예수님을 나의 구세주요, 주님이라고 고백한 모든 성도들은 예수님의 제자들이요, 또한 앞서 마태복음 9장 37절에서 말씀하신 일꾼으로 부름받은 것이다.

바로 선교사로서 부름을 받은 것이다.

이것이 우리가 선교를 해야 할 당연한 이유인 것이다.

전도 받고 교회에 등록하는 사람들에 대한 통계가 있다. 교회 등록하는 새 신자들의 90%는 가까운 가족, 친지, 친구, 직장 동료, 이웃집 사람 등 친밀한 관계에 있는 사람들을 통해 전도를 받고 구원받는다.

나머지는 전도 집회나 모르는 사람, 낯선 전도인의 권유, 또는 절박한 고난 가운데 자발적으로 교회에 나는 경우가 간혹 있을 수 있다.

즉 대부분 전해 주는 사람이 없이는, 교회에 가자고 인도하는 사람이 없이 교회에 스스로 나오는 사람은 별로 없다. 10명 중 1명 정도나 될지 모르겠다.

로마서 10장 13절은 "누구든지 주의 이름을 부르는 자는 구원을 받으리라"라고 말한다. 그러면서 바로 이어지는 14절은 전파하는 자가 없이는 누구도 들을 수 없다고 한다.

듣지 못하니 믿을 수가 없다고 한다. 믿지 못하니 주의 이름을 부를 수 없다고 한다. 15절에서는 보내심을 받지 않으면 전파할 수 없다고 말한다. 그래서 기록된 바 "좋은 소식(복음)을 전하는 자들의 발이 아름답다"고 말하고 있다.

130년 전 우리나라에 전하는 선교사들이 오지 않았다면 우리는 지금까지도 예수님을 알 수 없었을 것이다.

그들이 와서 전파하지 않았다면 누가 알지 못하는 예수님의 이름을 부를 수 있었겠는가?

이 땅에 선교사들이 성경 말씀의 보내심에 감동받아, 부르심에 순종하여, 교회의 보냄을 받아서 왔고, 그들이 전파하였다. 그들이 전파한 복음을 들었고, 들은 자들 중에서 믿었고, 믿은 자들이 주님의 이름을 부르며 구원을 받았다.

먼저 믿은 자들이 전해 주어서, 우리는 우리 주위의 가족이나 친구의 전도에 의해서, 지금 이 자리에 있는 것이다.

사도 바울은 로마서 1장 14절에서 "모든 사람에게 내가 복음에 빚
진 자로다."라고 말한다.

먼저 믿은 우리는 복음에 빚진 자들이다.

우리가 은행에서 큰돈을 대출 받았다면 반드시 갚아야 하지 않겠
는가? 남에게 빌린 것이나 은행 대출은 반드시 갚으면서, 복음의
빚은 떼어 먹으려고 한다면 복음의 주인이신 하나님께서 기뻐하시
겠는가?

마태복음 25장 14-30절에 달란트의 비유가 나온다. 다섯 달란트
를 받은 종과 두 달란트를 받은 종은 "착하고 충성된 종"이라는 칭
찬을 받는다. 반면 한 달란트를 받은 뒤 땅에 감추어두었다가 그대
로 가져온 종은 26절에 "악하고 게으른 종"이라고 책망 받는다. 30
절에서는 더 무서운 저주가 기다린다. "이 무익한 종을 바깥 어두운
데로 내쫓으라 거기서 슬피 울며 이를 갈리라"라고 한다.

참으로 무서운 말씀이다. 달란트 비유는 나하고 아무 관계없는
말씀이라고 한다면 더 이상 할 말이 없다.

예수님이 십자가에 못 박하시기 전 고난 주간에 직접 하신 말씀
이기 때문이다. 이사야는 이사야서 6장 8절에서 하나님의 부르심에
"내가 여기 있나이다 나를 보내소서."라고 대답한다. 그래서 우리는
선교하고 전도해야 할 의무와 책임이 있다.

그럼 장기 선교사로만 지원하는 것이 선교하는 것인가?

아니다. 현대에는 여러 다양한 선교의 형태들이 있다. 자신에게 맞는 것을 찾으면 된다.

장기 선교사가 되어 선교지에서 살면서 선교하는 것이 최선의 방법이다. 하지만 보다 더 쉬운 우리처럼 여름휴가를 이용하여 단기 선교를 쉽게 하는 여러 가지 방법들도 있다.

단기 선교의 여러 가지 방법들

1. 의료 진료 위주 선교
2. 외과 의사들이 현지 병원과 미리 수술 환자들을 예약한 뒤 수술해 주는 경우
3. 단기로 세미나를 열어 현지 의사들을 교육하고 수술을 전수하는 것
4. 청년 문화 공연 팀과 연합 팀을 구성해서 의료와 문화 공연과 전도를 종합 세트로 사역하는 것-아주 효과가 좋다.
- 태권도 공연, 부채춤, 워십, 예수 영화 상영 등 여러 가지를 하면 시너지 효과를 낼 수 있고 실제 이렇게도 많이 한다.
5. 문화 공연 없이 의료와 미용 팀과, 어린이 팀, 전도 팀이 협력 사역하는 것-흔히 주로 하는 방법이다.

6. 지진, 해일 같은 자연재해 피해자 진료, 전쟁 난민이나 에볼라 같은 전염병 퇴치 진료 봉사 등
7. 기타 선교지 병원 방문 비전 트립 등도 있다.

단기 선교의 장점들

단기 의료 선교 시에 얻을 수 있는 좋은 점들은 어떤 것들이 있을까?

1. 먼저 기독교에 적대적인 나라, 복음의 문이 닫힌 지역에 들어가는 열쇠가 된다.
2. 교회에 적대적인 마을 주민들의 우호적 변화: 전도의 중요한 계기가 된다. 예를 들어 스리랑카는 약 이천여 개의 교회를 파괴했던 나라이며 현재도 교회를 핍박하고, 개종을 금지하는 일들이 일상으로 진행되고 있다.
3. 장기 선교사가 신분 노출 때문에 할 수 없는 일들이 있다. 대규모 진료, 여러 지역 방문, 전도 병행 사역 등 이다.
4. 사도행전의 역사를 현재 선교지에서 경험할 수 있다. (전도와 회심, 기적적 치유)
5. 현지 선교사와 교회 목회자들의 위상이 강화된다. 정부 고위 관리 접촉, 국회의원, 시장, 경찰서장 등 지역유지들이 참석한

다. (인도, 네팔, 스리랑카, 필리핀, 태국 등)

6. 모슬렘 전도, 힌두교도, 불교도 전도, 기타 미신, 불신자 전도
   가 가능하다.

7. 현지 교회 개척과 건축비 지원을 할 수 있다.

8. 불가촉천민을 진료하고 위로하며 전도할 수 있다.

9. 단기 참가자 중 장기 헌신자가 나온다. (의사, 목사, 간호사 등)

10. 단기에 다녀온 뒤 그 나라와 그 지역 선교사를 중보 기도하고
    후원자가 된다.

11. 단기 팀은 그 나라의 경제와 관광산업에 도움을 준다.

12. 팀원들의 공동체 의식과 유대감 형성, 영성 소그룹의 소속감
    이 생긴다.

13. 제자 훈련 칼 세미나 연결 – 제자 훈련의 국제화에 기여한다.

"모든 사람에게 구원을 주시는 하나님의 은혜가 나타나"(디도서
2:11)

단기 의료 선교의
목표

"그러므로 나는 달음질하기를 향방 없는 것 같이 아니하고 싸우기를 허공을 치는 것 같이
아니하며"(고린도전서 9:26)

전도 : 이미 예수 그리스도의 이름을 알고 있는 사람들에게 믿도록 전하
　　　는 일.

선교 : 예수 이름을 모르는 사람들에게 예수 그리스도의 이름을 알려 주
　　　고 믿도록 전하는 일.

　흔히 세상에서 가장 고귀한 일을 말하라면 사람의 생명을 살리는
일이 첫 번째일 것이다.

　기차 철로에 실수로 떨어진 사람을 구하거나 물에 빠져 허우적거
리는 사람을 살리고, 불난 건물에 갇힌 자를 구하면 모두가 영웅이
며 의인이라고 칭송한다.

급성 맹장염에 걸린 환자를 수술해서 살리거나 심장이나 뇌혈관이 막혀 죽을 환자를 응급 수술하여 살리는 일도 무엇보다 고귀한 일이다.

악성 암 환자를 수술해서 살리는 것도 그 무엇보다 비교할 수 없는 중요한 귀한 일이다.

그러나 육체의 질병을 고쳐 생명을 살리는 일은 단지 이 세상에서 할 수 있는 일일 뿐이다.

우리가 정성을 다해 살린 환자가 다시 암이 재발하거나, 노인이 되어 자연사로 죽어 지옥으로 갔다면 우리의 고귀한 헌신은 반쪽의 헌신으로 끝난다.

평생 많은 환자들을 수술하고, 내과적으로 잘 치료하여 건강하게 살게 해 주었지만 정작 그 환자들이 지옥으로 가는 것을 막지 못했다면 우리의 수고는 단지 이 세상에서의 칭찬에 그칠 뿐이다.

반면 육신의 질병을 완치시켜 주지는 못했지만 복음을 전하여 그 영혼이 구원받아 천국에 갔다면 그것은 영원히 잘한 일이다. 천국에는 상급이 있다. 예수님은 병자들을 치료하시고 그들의 죄 문제를 해결해 주심으로 전인적인 치유를 하셨다.

우리는 선교를 통해 육체의 질병들을 완치시켜주지는 못한다. 단지 위로하고 기도해 줄 뿐이다. 의사로서는 부끄럽고 안타까워 양심상 피하고 싶은 일이 의료 단기 선교이다. 그래서 많은 의사들이 의료 선교를 기피하며, 한 번 갔다 온 뒤로는 다시 안 가려고 한다.

의사 양심의 가책상 차라리 그런 환자들을 안 보는 것이 마음에 편하기 때문이다. 당연하고 일리 있으며 너무 합리적인 이유다.

그러나 계속 의료 선교를 하러 다니는 의사들도 있다.
왜, 무엇이 다른 건가? 판단은 각자의 몫이다.

단기 의료 선교의 목표

의료 선교의 작은 목표는 세 가지이다. 첫째 안전, 둘째 의료 사역, 셋째 전도 사역이다

이 세 가지가 삼각형을 이룬다. 그리고 삼각형은 한 꼭짓점에서 만난다. 그 한 점은 바로 하나님의 영광이다.

첫째로 안전에 문제가 생기면 다시 다른 나라에 단선을 갈 수 없게 된다. 그리고 그 무엇보다도 우리의 안전은 소홀히 해도 안 되고, 적당한 타협의 대상이 아니다.

둘째 의료 봉사 팀에게 양질의 의료 사역은 가장 우선순위이며 역시 타협의 대상이 아니다. 허술하고 얄팍한 행위로 환자들을 실망시킨다면, 그것은 아픈 환자들을 실망시키는 신앙 양심에 어긋나는 행위이며 하나님의 영광을 가리는 일이다.

셋째 의료 봉사의 궁극적 목적은 아직 한 번도 창조주 하나님과 예수 그리스도의 고귀한 이름을 들어 보지 못한 사람들에게, 예수님은 인생을 걸고 신뢰할 수 있는 주님이요 구세주라는 것을 말로 전하는 것이다.

이 세 가지 목표는 동일하며 서로 중요하며 소홀히 하면 안 되기에 나는 이 세 가지 목표에 대해 사역을 다 마치고, 인천 공항에 무사히 귀국할 때까지 반복적으로 강조한다.

"운동장에서 달음질하는 자들이 다 달릴지라도 오직 상을 받는 사람은 한 사람인 줄을 너희가 알지 못하느냐? 너희도 상을 받도록 이와 같이 달음질하라"(고전9:24)

우리는 스리랑카에 대한 꿈을 꾸고 있다. 제자 훈련이 스리랑카에 뿌리내려 40년 후 스리랑카에 많은 교회가 세워지는 꿈이다.

선교에 동참하는 이유가 어떤 것이든, 복음을 모르는 사람에게 복음을 전하고 싶은 선교의 열망이든, 불쌍하고 가난한 자들에게 조그마한 도움이라도 주고 싶은 마음이든, 피곤하고 지쳐서 쉼과 힐링을 위한 것이든, 어디든 가고 싶은데 그곳이 우연히 스리랑카가 되었든 모두 하나님의 영광을 위한 것이다. 다른 곳에 갈 데가 없어 달리 선택의 길이 없었든, 누군가가 그냥 가자고 하니 차마 매정하게 거절을 하지 못해 참가했더라도 마찬가지이다. 그 어떤 이유이든, 아님 별 이유 없이 우연히 가게 되었는지에 관계없이, 성령께서 이 모든 마음들을 하나로 묶어 하나님의 영광을 위해 합력하여 선을 이루어 가시리라고 생각한다.

우리가 처음 스리랑카 선교에 참가했을 때에는, 스리랑카와는 아무 상관이 없었다.

별로 연결점이 없었지만, 스리랑카 단선을 통하여 스리랑카에서 사도행전의 기적들(병 고침, 잃어버린 영혼들의 귀환, 교회 설립)을 경험한 뒤에는 관점이 바뀌게 되었다.

이제 우리는 스리랑카라는 불교 국가가 바뀌고, 스리랑카의 국회와 종교법이 바뀌어 종교의 자유가 있는 나라가 되기를 바라고 있다.

스리랑카의 교회들이 우리나라의 교회들처럼 부흥하고 강해져서, 불교의 세력에 맞설 수 있게 되는 날이 오도록 기도하고 있다.

또한 40년 후에 스리랑카 전국 방방곡곡에 한국과 같이 수만 개의 교회가 세워져서 모든 국민들이 불상 대신 교회 지붕의 십자가를 보게 되는 날이 오는 꿈이 있다.

지난 300년 동안 이루어지지 못했던 불가능한 꿈이었으며, 현재의 현실을 보면 앞으로 백 년의 세월이 흐른다 할지라도 바뀌지 않을 것 같은 가슴 답답한 꿈이다.

그러나 아브라함에게 밤하늘의 별을 보라고 말씀하시며 네 자손이 이같이 많아질 것(창15:5)이라고 약속하셨던 성경의 언약을 되새겨 본다.

자식이 없었던 아브라함에게 주셨던 그 언약의 꿈이 이루어진 나라가 바로 우리나라 한국이다.

130년 전 서양 선교사들이 이 땅에 들어올 때 불과 100년 만에 전국 방방곡곡에 5만 개 이상의 교회가 세워질 것이라고 생각한 사람은 아마 별로 없었을 것이다.

여기 잘 알고 있는 "언더우드 선교사의 기도문"이 얼마나 정확하게 응답을 받았는가!

"1884년 4월. 한국 첫 번째 공식 선교사인 언더우드 선교사의 기도"

주여! 지금은 아무것도 보이지 않습니다.

주님, 메마르고 가난한 땅 나무 한 그루 시원하게 자라 오르지 못히고 있는 땅에 저희들을 옮겨 와 심으셨습니다. 그 넓은 태평양을 어떻게 건너왔는지 그 사실이 기적입니다. 주께서 붙잡아 뚝 떨어뜨려 놓으신 듯한 이곳에 지금은 아무것도 보이지 않습니다.

보이는 것은 고집스럽게 얼룩진 어둠뿐입니다. 어둠과 가난한 인습에 묶여 있는 조선 사람뿐입니다. 그들은 왜 묶여 있는지도, 고통이라는 것도 모르고 있습니다. 고통을 고통인 줄을 모르는 자에게 고통을 벗겨 주겠다고 하면 의심하고 화부터 냅니다. 조선 남자들의 속셈이 보이지 않습니다.

이 나라 조정의 내심도 보이지 않습니다. 가마를 타고 다니는 여자들을 영영 볼 기회가 없으면 어쩌나 합니다. 조선의 마음이 보이지 않습니다. 그리고 저희가 해야 할 일이 보이질 않습니다. 그러나 주님 순종하겠습니다.

겸손하게 순종할 때 주께서 일을 시작하시고 그 하시는 일을 우리들의 영적인 눈이 볼 수 있는 날이 있을 줄 믿나이다. "믿음은 바라는 것들의 실상이요 보지 못하는 것들의 증거니……."라고 하신 말씀을 따라 조선의 믿음의 앞날을 볼 수 있게 될 것을 믿습니다.

지금은 우리가 황무지 위에 맨손으로 서 있는 것 같사오나 지금은 우리가 서양 귀신 양귀자라고 손가락질 받고 있사오나 저희들이 우리 영혼과 하나인 것을 깨닫고, 하늘나라의 한 백성, 한 자녀임을 알고 눈물로 기뻐할 날이 있음을 믿나이다.

지금은 예배드릴 예배당도 없고 학교도 없고 그저 경계의 의심과 멸시와 천대함이 가득한 곳이지만 이곳이 머지않아 은총의 땅이 되리라는 것을 믿습니다.
주여! 오직 제 믿음을 붙잡아 주소서!
"1884년 4월 부활절에. 언더우드."

그리고 그 불가능하게 보였던 그 언더우드의 꿈이 우리나라에서 실제로 이루어졌다.

"의인을 위하여 죽는 자가 쉽지 않고 선인을 위하여 용감히 죽는 자가 혹 있거니와"(로마서 5:7)

우리는 왜 시골 교회를
도와주어야 하는가?

도시의 교회들은 기본적으로 시골 교회의 모판 위에서 부흥하고, 성장했다. 농촌에서 모내기할 때 모판에 있는 좋은 모들을 논에 옮겨 심어야, 모가 잘 자라고 열매를 잘 맺는 것처럼 도시 교회도 그렇게 성장해 왔다.

아무도 농촌 교회의 교인들이 도시로 이주해 와서 도시 교회의 교인 수의 증가와 영적 부흥의 원천이 되었다는 것을 부인하지 못할 것이다.

경제가 발전되고 우리나라 나라 전체에 산업화와 도시화가 진행되면서 시골과 지방에 살던 사람들이 직업과 직장과 교육을 위해

도시로 몰려들기 시작했다.

도시화 산업화가 진행되면서 시골 교회와 지방 중소 도시 교회에 다니던 성도들이 대규모로 도시로 이주한 결과 서울과 수도권 대도시에 대형 교회들이 생기며 부흥하기 시작했다.

시골 교회의 좋은 젊은이들과 장년층 교인들이 가족을 데리고 떠난 빈자리가 많은 시골 교회는 당연히 교인들이 줄 수밖에 없었다.

그 결과 농촌은 텅텅 비어 가기 시작했다.

그래서 농어촌 교회는 몇 명 안 되는 교인들 대부분이 노인들이다. 그나마 20-30명 정도면 보통 평균 정도 된다.

설립 역사가 100년씩 된 교회들도 같은 형편이다.

심한 경우 농촌에 새롭게 교회를 개척하면 몇 년 동안 신자 한 명도 없이, 목사님 가족과 마을 어린이 몇 명만을 데리고 목회를 하기도 한다.

시골 교회들은 지역을 불문하고 동네마다 적은 인구로 인해 현실적으로 거의 성장에 대한 비전이 없다.

농촌 인구가 날이 갈수록 줄어들기 때문이기도 하지만, 더 안타까운 현실적인 문제는 오랜 세월 불교나 미신에 젖어 살아왔던 완고한 노인들을 전도하는 것이 어렵다는 것이다.

의외로 시골 교회 목사님들이 전도를 효과적으로 하지 못하고 있다.

시골 교인들도 동네 분들에게 전도를 잘 못 한다.

시골 분들은 일생 동안 하나님을 믿지 않고 살다 보니 고집만 황소처럼 강한 경우가 많다.

노인분들 중엔, 지금까지도 평생 한 번도 예수 믿으라는 전도자의 말을 들어본 적이 없는 분들이 꽤 많이 있다.

시골 분들을 우리는 평생 처음이자 마지막으로 보는 사람이라고 생각한다.

그래서 우리에게 주어진, 단 한 번의 기회를 놓치지 않기 위해 반드시 전도를 해야 한다고 강조한다.

그분들이 죽기 전 마지막으로 우리를 만나고 이 세상을 영원히 떠나가는 경우가 상당히 많다.

우리를 만난 후에 세상을 떠난 분들은 하나님 심판대 앞에 서 있을 때에 "살아생전에, 그들에게 예수님을 전해 준 사람이 없었다." 라고 하는 변명을 할 수는 없을 것이다.

선교를 다니면서 보고 느낀 것들이 여러 가지가 있다.

먼저 시편 1편의 말씀처럼, 복 있는 자의 옆자리는 같이 복을 받고, 악인과 같이 있는 옆자리는 같이 망한다.

소돔과 고모라의 경우와, 요셉의 경우를 보더라도 성경적으로 분명하다.

농어촌 교회와 도시의 미자립 교회 목회자들을 보면, 고생을 참 많이 한다. 하지만 대부분 목사님들의 경우 자녀들이 잘 되는 축복을 받는다.

반면, 불신자 주민들을 보면 불행한 일이 너무 많고 다양하다. 미신을 믿거나, 불교, 이단에 빠져 있는 시골 분들을 보면, 나쁜 일 악한 일들이 꼬리에 꼬리를 물고 일어난다. 감자나 고구마 뿌리를 캐보면 감자, 고구마들이 뿌리줄기를 따라 줄줄이 따라 나온다. 이것은 나쁜 일의 폭포수와 같은 효과이고, 악의 끝없는 사이클이라고 해야 될 것 같다.

어떤 분은 사단은 자기 백성들은 건드리지 않는다고 말한다.
하지만 현실적으로 보면 그렇지 않은 경우가 너무 많다.
믿는 가정에 비해 불신자들에게는, 상상하기도 힘든 수없이 많은 질병들, 사고들, 암, 선천 장애, 알코올 중독, 이혼, 정신병 등이 너무 많다. 대부분이 다섯 가지, 열 가지의 불쌍한 이야기들을 가지고 있다.

그래서 그분들 모두가, 우리에게 전도의 대상이다.

불행의 고리를 끊고 인생이 바뀌려면 하나님의 자녀가 되어야 한다. 어떤 분은 "의사는 진료에만 충실하면 된다."라고 말씀하는 사람도 있다. "전도는 은사를 받은 사람이 해야 한다. 특별히 전도 훈련을 받은 사람이 해야 한다."라고 말하기도 한다.

"의사가 진료를 도구로 환자에게 전도하면 안 된다."라고 말하는 사람도 있다. 나는 그 말에 동의하지 않는다.

하나님께서는 우리에게 의술과 의학 지식을 주시고, "단지 환자 진료만 잘하면 된다. 그게 전부다"라고 말씀하지 않으실 것이다.

직업의 더 중요한 목적은 예수님과 그의 나라를 위해, 영원한 가치가 있는 일을 위해 자신의 직업적 재능을 활용 하는 데 있다. 바로 자신의 직업적 달란트와 은사와 소명을 이용하여 적절한 환경을 통해 예수님을 증거하는 일이다.

모든 사람은 그 사람만이 잘하는 어떤 재능이 있다. 어느 직업이든 어떤 재능을 가지고 있든, 예수님만이 구주시고 죄인들의 죄를 용서하시는 분이라고 말할 수 있어야 한다.

오직 예수님을 통해서만 천국에 갈 수 있으며, 예수님을 믿는 믿음만이 천국에 들어갈 수 있는 유일한 길이요 열쇠라는 것을 말해야 한다.

우리 모두는 백 년 안에 전부 죽는다.

그러면 백 년 후에도 가치 있는 일은 어떤 것이 있겠는가?

지금 내가 하고 있는 이 일과 직장 일이 백 년 후, 만 년 후에도 가치 있는 것일까? 나는 가끔 그런 생각들을 한다.

아직까지 우리나라는 전도하기가 아주 좋다.

복음을 전할 포교의 종교적 자유가 있다.

아직까지는 우리나라 사람들 대부분이 봉사하면서 전도하면 들어주는 사람들이 많다. 복음을 거부하는 사람들도 있지만 외국처럼 어렵지는 않다.

자기 인생에서 전도와 선교할 수 있는 기회의 문이 닫히기 전에 열심히 자신의 직업과 재능을 사용하여 전도해야 한다.

자기가 죽음을 앞에 둔 때가 되어서야 비로소 생전에 전도를 많이 하지 못한 것을 후회하더라도 전도할 수 있는 기회는 다시 오지 않는다.

전도와 선교에 힘을 쓰며 더 많은 영혼 구원의 열정을 가진 사람은 천국에서, 별처럼 영원히 빛나리라 믿는다.

"지혜 있는 자는 궁창의 빛과 같이 빛날 것이요, 많은 사람을 옳은 데로 돌아오게 한자는 별과 같이 영원토록 빛나리라."(다니엘 12:3)

국내 의료 선교하면서
경험한 일들

전북 순창의 어느 산골 마을 작은 교회에서 진료할 때, 무당을 하시는 분이 두통과 불면증으로 진료를 받으러 왔는데, 그분에게도 전도를 했다. 저희의 진료와 봉사를 받고 간 그 다음주에, 그 무당분께서 쌀 한 가마를 가지고 그 교회에 찾아왔다. 목사님에게 쌀을 주고 가시면서 두통과 불면증이 사라져 감사하다고, 이제 예수를 믿기로 했다고 한다. 그곳 목사님이 편지 보고를 하셔서 알게 되었다.

해남의 어촌 마을에 갔을 때 들은 이야기이다. 수년 전에 마을 안에 있는 동네 교회에 분열이 일어나 두 파로 갈라졌다. 그래서 마을 교인들이 거의 교회를 떠났다는 이야기를 들었다.

우리가 의료 봉사를 마치고 돌아온 뒤 그 교회에서 연락이 왔다. 마을 사람들이 서로 화해하고 용서하여 마을 분위기가 다시 예전처럼 좋아졌다고 한다.

동네 이장을 비롯한 마을 주민들이 돼지를 한 마리 잡아 저희를 대접하겠다고, 다시 방문해 달라고 했다.

그래서 그 다음 해에 다시 간 적이 있다. 마을 분위기가 좋아져서 교회에 주민들과 예전 교인들이 다시 나오기 시작했다고 목사님이 너무 좋아했다.

고창군의 어느 시골 교회는 우리가 처음 갔을 때 출석 교인이 10 명 정도였다. 다음해에 다시 갔을 땐 두 배로 불어 20명이 넘는 분들이 교회에 출석했다. 그 다음해에 다시 갔을 땐 40명이 넘게 부흥했다고 목사님과 교인들이 너무 좋아했다.

이렇게 의료 선교 후에 열 명도 안 되었던 교인 수가 두 배, 세 배로 늘어난 일은 그 후로도 충주, 이천, 문경, 춘천, 포천, 정선, 홍천 등 여러 많은 지역 교회에서 지속적으로 있었다.

시골 지역에서 1년에 교인이 열 명 늘어나는 것은, 도시 지역으로 비교하자면 그보다 몇 배의 효과가 있다고 보아야 한다.

도시에서 1년에 수십 명이 늘어난 것처럼 크게 부흥된 것과 같다.

시골 사람들은 사실 한 사람이 교회에 나오는 것도 기적이기 때문이다.

여름엔 전남 남해안의 완도군과 고흥군의 섬 진료를 1박 2일 내지는 2박 3일 정도로 매년 갔다. 주로 보길도, 소안도 지역과 소록도 뒤쪽의 금당도 지역이다. 갈 때마다 주민들이 새벽부터 모여 순번을 정해 기다린다. 항상 교회가 꽉 찰 정도로 호응이 좋았다.

섬 지역의 교회들과 주민들의 관계가 아주 좋아지고 교인들도 늘어났다. 항상 여름에 봉사 팀들이 오기를 기다린다고 하면서 좋아하였다.

우리가 7월 하순에 다녔는데, 갈 때마다 태풍이 오지 않고, 풍랑도 높지 않았다. 하나님이 날씨를 주관해 주신다고 감사하며 다녔다.

항상 순탄한 것만은 아니어서, 어느 겨울에는 시골 교회에서, 늦게 출발했는데 오는 길에 눈이 계속 왔다. 도로가 전부 빙판길로 얼어붙어서, 도로가 온통 마비되었다.

다행히 사고는 없었지만, 교회에 돌아온 시간이 새벽 한 시였다. 약 가방과 기구를 정리하고, 집에 들어가니 2시 가까이 되었다. 문제는 그날 밤 간호사인 아내를 교회에서 기다리던 한 남편이 있었다. 너무 늦게 온 것이 화가 나서, 그다음부터 자기 부인이 못하게 막았다. 그 간호사는 계속 다니고 싶어했지만 가정의 평화를 위해, 봉사를 그만둔 일도 있었다.

좀 조심스런 경우도 있었다.

시골에는 에이즈 환자나 암 환자, 만성 간염 환자가 요양을 위해 와 있는 경우가 있다. 이런 환자들을 진료하면서 영양 수액제를 놓아주는데, 가끔 환자에게 사용했던 주사 바늘에, 찔리기도 한다.

B형 간염은 예방 접종을 해서 항체만 생기면, 감염이 되지 않는다. 매독이나 임질 환자에게서 균이 전염되어도 치료약이 있기 때문에 문제가 되지 않는다. 나도 보균 환자 바늘에 찔렸을 때 페니실린 주사를 맞았다.

충북 단양에 갔을 때, 외딴 집에 거동이 불편한 췌장암환자가 있다 하여, 왕진을 가서 영양제 주사를 놓아 준 적이 있다.

전도 대원이 전도를 했고, 그분이 영접을 했다. 그곳 목사님도 암 환자로 알았다. 나중에 연락이 오기를 이분이 고백했는데 자신이 에이즈 환자였다는 것이다.

그 소식을 듣는 순간, 무사한 것에 대해 마음에 안도감이 왔다. 에이즈 환자라는 걸 알았다면 조심해야 한다.

지금까지 수백 군데 시골 교회를 다니면서 보면, 거의 모든 교회들이 우리가 다녀온 후에 마을 주민들과의 분위기가 아주 좋아졌다. 교회와 왕래가 없었던 동네 분들이 친밀해져서 교회와 목사님에 대해 아주 고맙게 생각하게 되는 경우들이 대부분이다. 그동안 교회를 쉬었던 사람들이나 불신자들이 새로 교회에 등록하게 되어, 출석 교인 숫자가 몇 명씩 늘었다는 간증을 숱하게 많이 한다.

정확한 것은 천국에서 확인할 수 있을 것이다.

"헬라인이나 야만인이나 지혜 있는 자나 어리석은 자에게 다 내가 빚진 자라"(로마서 1:14)

한 명이 결심하면 선교가 시작되고, 교회가 세워진다

"이스라엘의 하나님이 이스라엘 회중에서 너희를 구별하여 자기에게 가까이 하게 하사 여호와의 성막에서 봉사하게 하시며 회중 앞에 서서 그들을 대신하여 섬기게 하심이 너희에게 작은 일이겠느냐?"(민수기 16:9)

세상에서는 잘 알려지지 않은 사실이지만, 천국에서는 다 아는 사실 한 가지를 이야기하고 싶다.

기독교 역사상 의료 선교사가 가장 많이 들어가서 선교한 나라는 어느 나라일까? 바로 우리나라 대한민국이다.

우습지만 우리는 너무 그 고마움을 잊고 살아가고 있다.

우리나라 초기 선교 시절인 1890년 이후 1900년 초기부터 일제 강점기까지 우리나라에는 의사와 간호사, 약사, 의료 행정 선교사 등 의료와 관계된 선교사들이 봇물처럼 쏟아져 들어왔다.

하나님은 우리나라를 너무 사랑하셔서 그 많은 의사 선교사들이

미개하고 가난한 조선 땅에 오게 되었다.

우리나라 선교 역사 중 1894 1994년의 100년 동안 기록된 전체 선교사의 1061명 중 의료와 관계된 선교사들이 263명이었고, 그중 의사는 143명이나 되었다. (현대 의료 선교학, 2018, 196p)

의사 선교사들이 우리나라에 압도적으로 많이 들어왔던 것이다. 이는 조그마한 나라에 들어온 의사 선교사의 숫자로 볼 때 대단히 많은 숫자이다.

선교사 파송 교단 본부에 체류 기록이 남아 있지 않으나, 실제 우리나라에 와서 선교하여 이름이 알려진 의사 선교사들의 숫자는 훨씬 더 많다.

그럼 그 당시 미국, 영국, 호주, 캐나다 등에 의사들이 많아서, 그 많은 의사 선교사들이 조선 땅에 들어왔을까?

100년 전에는 미국, 영국, 호주 캐나다 안에서도 의사가 많지 않았다. 산업화와 도시화가 진행되는 과정에서 도시 빈민들이 많았고, 의료 보험이라는 국가 제도가 없었다.

그래서 자기 나라 안에도 의료 혜택을 받지 못하는 수많은 가난한 사람들이 있었지만 그들은 주님의 명령에 순종하여 태평양을 건너

조선에 왔다.

A.J 크로닌의 소설 《성채》나 《천국의 열쇠》들을 보면 영국도 탄광촌과 도시 빈민들은 비참할 정도로 가난했다.

그때로 의사들은 적은 수의 사회 엘리트들이었다. 그런 소수의 의사들이 고국에서의 사회적 성공과 부와 명예를 버리고 조선에 왔던 것이다.

그리고 그들은 환자들을 진료했을 뿐 아니라 복음도 활발히 전했다. 초기 서양 의사 선교사들이 우리나라의 수많은 교회들을 개척했다.

현재도 열악한 선교지에 나가 있는 한국 의사 선교사들은 주중에는 진료하고 주일엔 교회에서 설교도 하고, 병원 안팎에서 전도하면서 교회를 개척해 세우는 일을 병행하고 있다.

잘 아는 원산 대부흥의 주역인 하디 선교사도 캐나다 토론토 의과대학 출신 의사이다.

100년 전 그 옛날 조선 양반 남자들은 상투 틀고 갓 쓰고 동네 팔각정이나 큰 정자나무 그늘 아래 앉아 한량으로 한시를 읊고 술잔을 비우거나, 화투, 마작, 투전 같은 노름이나 하며 세월을 보냈다.

여자들은 흰 치마저고리에 아이를 등에 업고 평생 일만 하고 살다 죽은 시대였다.

그 시절 조선 땅에는 의과 대학이 단 한 개도 없었다.

지금도 전 세계에 200여 개의 나라가 있지만, 아직 자기 나라에 의과 대학이 한 개도 없는 나라가 적지 않게 많이 있다. 그래서 현재 열심 있는 우리나라 의료 선교사들은 아프리카를 중심으로 선교지에 의과 대학을 설립하고 그 의과 대학을 통해 현지 의사들을 배출하는 일에 전심전력을 다하고 있다.

의사들은(치과 의사, 한의사 포함) 누구나 단 한 명이 마음만 먹으면 의료 선교가 가능하다. 본인 의사 1명이면 국내든 해외든, 제3세계 어느 지역이든 가서 의료 봉사를 할 수가 있다.

물론 약사 1명, 간호사 1명, 의료 행정가 1명의 헌신만 있어도 믿음과 뜻이 맞는 사람들을 모아서 의료 선교를 시작할 수 있다.

지금은 100년 전과 달라서 정규 신학대학원을 졸업한 우수한 목사님들이 넘쳐나기 때문에 의사가 과거처럼 설교를 할 필요는 없다.

그래도 우리 기독교인 의사들은 서양 의료 선교사들에게 빚을 지고 있다.

그분들이 우리나라 전국에 종합 병원과 의과 대학을 세웠고 우리는 그들의 교육과 선진 의료 기술을 전수받아, 우리나라는 이제 세계 최고의 의료 수준을 자랑하는 의료 선진국이 되었다.

그분들의 희생이 없었다면 현재의 한국 교회와 의과 대학들, 현대적 의료 시스템은 없었을 것이다.

"이스라엘의 하나님이 이스라엘 회중에서 너희를 구별하여 자기에게 가까이 하게 하사 여호와의 성막에서 봉사하게 하시며 회중 앞에 서서 그들을 대신하여 섬기게 하심이 너희에게 작은 일이겠느냐"(민수기 16:9)

항구의 등대와 같은
교회의 십자가

"모세가 놋뱀을 만들어 장대 위에 다니 뱀에게 물린 자가 놋뱀을 쳐다본즉 모두 살더라"(민수기 21:9)

이번에는 우리 교회 저희 남자 다락방 A 순원 집사님 이야기를 한번 하고 싶다. 바로 내가 순장으로 섬기고 있는 지역 다락방의 순원 이야기이다.

그분은 우리가 회사 이름을 들으면 대부분 아는 큰 회사의 책임자, 전무 이사로 일하고 있다. 그분의 둘째 아들이 24년 전에 차병원에서 미숙아로 태어났다.

차병원 의사는 자기 병원에서는 살리기 어려우니 삼성서울병원으로 옮기라고 전원을 시켰다.

즉 상태가 너무 나빠서 살리기 어려우니 그렇게 알고 마음을 단단히 먹으라는 것이었다. 그 미숙아는 삼성서울병원 신생아 중환자실 인큐베이터에서 4개월을 치료 받았다.

너무 미숙아라 살기 어렵다는 의사의 말에 이 부모는 가슴이 무너졌다. 젊은 부부는 그 당시 둘 다 무신론자였다. 두렵고 낙심된 무거운 마음에 창밖을 하염없이 바라보았는데, 그때 눈에 보이는 것이 있었다.

바로 맞은편 건물의 교회 십자가였다.

병원 안에서 창밖으로 교회 십자가를 바라보면서 이 젊은 부부는 바로 하나님께 기도했다. 자기들의 미숙아 아기를 살려달라고 기도하면서 살려주시면 교회에 다니면서 하나님을 믿겠다고 약속했다. 4개월 동안 미숙아는 잘 견디었고, 여름이 지나 겨울에 퇴원하였다.

그 뒤로 이 부부는 지금까지 성실하게 하나님을 잘 섬기고 있다. 그리고 그 미숙아는 건강하게 잘 자라고 열심히 공부해서 지금은 서울 안의 수의과 대학에 합격하여 재미있게 학교생활을 하면서, 교회 대학부에도 잘 다니고 있다.

이 이야기를 하는 이유가 있다.

이 부부만 유일하게 십자가를 보고 믿음을 갖게 되었을까? 이 부부처럼 단지 교회의 십자가만 보고도 예수님을 믿게 된 경우가 전국에 수천 명이 더 있을 것이다.

우리나라에는 전 세계에서 유일하게 자랑스러운 것이 있다. 바로 전국 방방곡곡, 눈 오면 지프차나 승용차뿐만 아니라, 트럭까지도 다닐 수 없어 토끼가 발맞추는 산속 오지에도 있다. 태풍만 오면 배가 끊어지는 100가구도 안 되는 조그만 섬까지도, 어디든 사람 사는 마을이 있는 곳에는 반드시 같이 있는 것이 있다.

짐작하다시피 바로 작은 시골 교회와 교회의 십자가이다. 전 세계 어디를 가도 우리나라처럼 빨간색, 하얀색 십자가가 이렇게 많은 나라는 없다. 전국에 5만 5천 개가 넘는 크고 작은 교회들이 있다.

삼국시대에 이 땅에 불교가 들어와서 고려 천년과 조선 시대 500년을 거치면서 전국 좋은 곳에 불교 절과 유교의 사당들이 많이 자리잡았다. 그러나 130년 전 처음 믿은 우리 믿음의 선조들의 간절한 기도가 응답을 받아, 불과 100년 만에 교회의 십자가가 전국에 퍼졌다.
기독교 2천 년 역사상 가장 빠른 시간에 가장 넓게, 가장 깊숙한 산골 오지 동네까지도 교회가 빼곡히 들어선 것이다.

버스가 다니지 못하는 산속 오지에 마을 주민이 겨우 30가구에 인구 50명밖에 안 되는 작은 동네에도 교회가 새로 개척되는 나라가 바로 대한민국이다. 이 한 민족 위에 내려준 하나님의 놀라운 신령한 하늘의 축복이다.

스리랑카에는 우리나라보다 교통 불편한 2천 미터가 넘는 고산지대가 수없이 더 많다. 산속 오지 마을들도 무지 많아서, 오지에 사는 시골 사람들은 거의 교회 십자가를 구경하기가 힘들다. 도시나 시골이나 불교 사원들은 셀 수 없이 즐비하고, 도시의 거리에는 불상들이 오백 미터 거리거리마다 세워져 있다. 심지어 수도 콜롬보 시내에서도 교회 건물이나 교회 건물 십자가를 찾기가 어렵다.

수백만의 스리랑카 오지 가난한 사람들이 평생 태어나서 죽을 때까지 단 한 번도 복음 전도는커녕, 단 한 번도 교회 건물의 십자가를 바라보지 못하고 죽을 것이라는 생각이 들었다.

우리는 7번째로 스리랑카에 갔을 때 산골 오지 마을 두 곳의 불교 사원에서 많은 환자들을 진료하면서 참으로 가슴이 먹먹했다. 대기 환자들이 너무 많아서 접수를 마감해야 하기도 했다.

우리 팀원들 모두는 진료 장소로 사용했던 그곳 불교 사원들이 언젠가는 교회 건물로 바뀌기를 기도했다.

'이 사람들 중에 평생 처음으로 의사인 우리에게 진료 받는 사람도 있구나.' 하는 생각이 들 때에도 가슴이 아팠다. 하지만 그 불쌍함과는 비교할 수도 없이, 눈을 들어 사방을 바라보아도 평생 십자가를 구경할 일이 없는 불쌍한 사람들이 이렇게 많다는 사실 앞에 참 말할 수 없이, 표현할 길 없이 가슴이 답답했다.

그래서 스리랑카 전국 깊은 산속과 계곡의 오지 마을마다, 바닷가 작은 마을마다 작은 교회들 1만 개가 지어지는 날이 오길 기도했다. 모든 동네마다 불교 사찰 대신 교회 십자가가 우뚝 세워지는 날이 속히 와서 이 나라 사람들이 불상 대신 교회의 십자가를 보면서 하나님께 기도하는 날이 속히 오도록, 꿈과 비전을 가지도록 기도했다.

성경에 옥합을 깬 두 여인 이야기가 나온다.

한 명은 예수님이 살리신 베다니 나병 환자 시몬(병든 나사로)의 여동생 마리아이다. 마태복음 26장 7절에 마르다는 부지런히 일하여 예수님을 접대하려고 온 마음을 쏟았고, 동생 마리아는 향유 옥합을 가져다가 예수님 머리에 붓고 예수님의 장례를 준비한다.

제자들이 분개하여 비싼 향유 한 옥합을 낭비한 것을 비난할 때, 예수님은 그 여인을 칭찬하며 26장 13절에 "내가 진실로 너희에게 이르노니 온 천하에 어디서든지 이 복음이 전파되는 곳에서는 이 여자가 행한 일도 말하여 그를 기억하리라 하시니라"라고 말하시며 극찬하셨다.

예수님에게 영원히 영광스러운 최고의 칭찬을 받은 것이다. 예수님이 이 여인 말고는 이렇게까지 칭찬하며 높여준 사람은 없었다. 또 한 명은 누가복음 7장 37절에 나오는 죄를 지은 한 여인이다. 우리는 그 여인을 창녀인 막달라 마리아라고 알고 있다. 모든 사람들이 혐오하는 그 죄 많은 여인이 예수님의 발에 입맞추고 향유를 부었다.

그 모습을 초청한 바리새인이 비난하자 예수님은 비유를 들어 그 여인을 또 한 번 칭찬하시며 그 여인의 모든 죄를 사하시고 네 믿음이 너를 구원하였으니 평안히 가라며 칭찬하셨다.

예수님은 "오백 데나리온 빚진 자와 오십 데나리온 빚진 자"의 예화를 들며 47절에 이르기를 "이러므로 내가 말하노니 그의 많은 죄가 사하여졌도다. 이는 그의 사랑함이 많음이라 사함 받은 일이 적은 자는 적게 사랑하느니라."라고 너무나 가슴을 파고드는 말씀을 하셨다.

우리는 예수님을 자기 집에 초청한 의로운 바리새인에 가까울까?

아니면 죄 많은 이 여인처럼 사함 받은 죄가 너무 많아 예수님을 많이 사랑할 수밖에 없는 사람인가? 그래서 자기가 가진 보물 중 가장 귀한 옥합을 주저 없이 깨트려 예수님 몸에 아낌없이 부어드린 이 여인에 가까울까? 아마 각자 자신이 가장 잘 알 것이라 생각한다.

스리랑카 노동자들은 지금도 여전히 가난하다. 지금도 고산 지대 차밭에서 일하는 남자 일꾼은 하루 일당이 10달러(1만 2천원)이다. 여자는 7달러(8천 원)정도 받고 하루 종일 차밭에서 찻잎을 딴다.

이들은 너무 가난하기에 자기 자녀들을 학교에 보내질 못한다. 공부를 잘하고 학교 다니기를 좋아해도 도시의 학교에 보낼 수가 없다. 그래서 그들은 대를 이어 차밭에서 찻잎을 따는 노동자로 일생을 보낸다. 당연히 그런 산동네에는 교회가 거의 없다.

교회가 없으니 교회 십자가를 바라보지 못한다. 거기에 날마다 일해서 하루 벌어 하루를 살아야 하기 때문에 어떤 전도자가 가더라도 쉬지 않고 일을 해야 하는 노동자들을 만나기 어렵다.

우리 팀이 고산 지대 차밭이 유명한 그런 곳에 진료 봉사를 간 적이 여러 번 있었지만, 그분들은 일을 해야 하기 때문에 진료조차 받으러 오지 못한다는 말을 들었다. 우리가 그분들을 만나려면 차밭으로 직접 가야 한다는 것이었다.

그들은 그렇게 평생을 짐승처럼 일만 하고 살다가 짐승처럼 죽는다.

우리는 산속 오지 마을에 개별 전도를 하러 가지 못한다. 가더라도 환경이 열악하여 그곳에 오래 있지 못한다. 설령 거기에 간다 하더라도 전도가 어렵다. 국교가 불교라서 외국인은 스리랑카인에게 전도할 수 없도록 불교종교법으로 막고 있다. 고산 지대에 있는 그들에게 복음을 전할 사람은 그 나라 그들 출신 전도자들밖에 없다.

그래서 우리는 스리랑카의 젊은 목사들을 제자 훈련 세미나에 초청하여 제자 훈련을 시키고자 한다.
젊고 장래가 유망한 스리랑카의 청년 사역자들을 훈련시켜 그들 스스로 스리랑카 전국 방방곡곡에 교회를 세우는 날이 속히 왔으면 좋겠다.

"그런즉 그들이 믿지 아니하는 이를 어찌 부르리요 듣지도 못한 이를 어찌 믿으리요 전파하는 자가 없이 어찌 들으리요"(로마서 10:14)

50조 원
꿈 이야기

"사람이 만일 온 천하를 얻고도 제 목숨을 잃으면 무엇이 유익하리요 사람이 무엇을 주고
제 목숨과 바꾸겠느냐"(마태복음 16:26)

어느 의미 깊은 현충일 아침에 꿈을 꾼 이야기이다. 희한하지만
너무 선명하고 또렷한 꿈이었다.

꿈속에서 내가 어떤 한 짐 박스를 가지고 있었다.

그리고 어떤 골동품 수집가가 내가 가진 박스에 담긴 내 옛날 물
건들을 사고 수표로 돈을 주었다.

박스 안에는 내가 어릴 때 쓴 일기장과 노트들, 장난감. 내가 산
기념품들과 물건들이 담겨있었다.

내가 보기엔 오래된 별 볼일 없는 물건들이었는데, 그 수집가는
내 것들을 다 사겠다고 했다.

아주 괜찮은 골동품들이라고 하면서 다 사겠다고 하고 돈을 수표로 주었다.

그분이 내게 최대호란 이름이 적힌 반짝이는 선명한 수표 한 장을 주셨는데 거기 적힌 금액에 0이란 숫자가 많았다. 내가 일, 십, 백, 천, 만, 십만, 백만, 억, 십억, 백억, 천억, 조, 십조 단위로 세어 보니 무려 50조 8천억이었다. (50,800,000,000,000원)
숫자 밑에는 한글로 50조 8천억 원이라고도 적혀 있었다.
다시 보아도 분명히 확실했고, 내 이름도 선명했다.

"나는 횡재했구나!" 하면서 좋아했고, 그때 꿈속 생각에 '이 돈이면 남은 인생 내가 하고 싶은 일들만 하면서 돈을 펑펑 쓰면서 부자로 살겠구나' 하는 마음이었다.
누구한테 뺏길까 봐 얼른 바지 주머니에 넣고는 우체국에 돈을 바꾸러 서둘러 가다가 잠이 깨었다.

마태복음 18장 24절에, 1만 달란트 빚진 자의 비유가 나온다. 예수님이 용서에 대해 말씀하신 것이다. 황금 1만 달란트는 황금의 값 어치로 환산하면, 현재 우리 돈 5~6조 원 정도의 큰돈이다.

1만 달란트는 두 나라가 전쟁을 해서 진나라가 이긴 나라에 배상하는 금액이다. 열왕기상 10장 14절에 솔로몬 왕의 1년 세금 수입이 금 666달란트라고 했다.

솔로몬 왕이 15년 동안 국가의 세금을 모아야만 1만 달란트가 될 정도로 큰돈이다. 평범한 한 개인은 소유할 수도, 평생 벌 수도 없는 큰돈이다.

다윗이 평생 성전을 짓기 위해 준비한 금이 10만 달란트였다. (역대상 22:14) 현재의 50조 원에 해당하는 엄청난 금액이다.

예수님은 한 사람의 목숨값으로 1만 달란트의 가치를 부여하신 것이다.

예수님은 마태복음 16장 26절에서 "사람이 만일 온 천하를 얻고도 제 목숨을 잃으면 무엇이 유익하리요 사람이 무엇을 주고 제 목숨과 바꾸겠느냐"라고 말씀하셨다.

세상의 제일 부자인 빌게이츠나, 사우디 국왕이나 손정의같이 수백조 원의 돈을 가지고 있는 사람이라도 성경이 말하는 바와 같이 그 돈으로 천국의 시민권을 살 수 없다.

현재 미국 시민권은 12억, 캐나다, 호주 시민권은 10억, 아일랜드 시민권은 15억, 영국시민권은 30억 정도 한다.

하지만 300조 원으로도 천국 시민권은 살 수 없다.

오직 예수님에 대한 믿음, 십자가 대속의 은혜, 보혈의 공로로만 천국에 들어갈 수 있다.

천국 시민권은 무한대의 값이고, 누구도 그 돈을 낼 수 없기에 예수님은 자신이 대신 인간의 죗값, 속죄의 그 돈을 자신의 목숨으로 대신 지불하신 것이다.

그날 아침에 일찍 눈을 뜬 뒤, 몇 시간을 생각하고 성경을 묵상한 뒤 나름대로 꿈에 대한 결론을 내렸다.

하나님께서 내 인생의 값으로, 내 영혼의 값으로 50조 8천억이란 숫자를 알려 주신 것 같았다. 내가 이해할 수 있는 가치를 매기시고, 내게 다른 사람들도 모두 그 정도의 가치가 있으니, 더 열심히 봉사하고 전도해서 50조 원짜리 영혼들을 구원하라 하고 말씀하신 것이라고 혼자 생각한 것이다.

나의 목숨값이 50조 8천억 원이라면, 당연히 우리 모두의 목숨값도 50조 8천억 원이다. 그리고 우리가 다른 나라에 가서 복음을 전해서 구원해야 할, 그 나라 사람들의 목숨값도 한 사람당 50조 8천억 원씩이다.

스리랑카 나라의 1년 수출액이 50조 원이 안 된다. 1년 수입액도 비슷하다. 스리랑카라는 한 나라, 2,300만 명의 적지 않은 한 나라가, 1년 동안 수출해서 벌 수 없는 큰돈이 바로 스리랑카 국민 한 사람 한 명의 몸값이다.

우리들이 얼마나 엄청난 일을 계획하고 있고, 얼마나 엄청난 일을 할 수 있는지에 대해 잠시 생각해 보자는 의미에서 이 글을 쓴다. 여러분 한분 한분을 나는 잘 모르지만 그 믿음을 존경한다.

여러분 한분 한분의 몸값은 50조 8천억 원이다. 우리 모두 자부심을 가져도 된다. 또 우리가 복음을 전해야 될 스리랑카 사람들의 몸값도 한 명당 50조 8천억이다.

스리랑카에는 아직도 평생 단 한 번도 예수 그리스도의 이름을 들어보지 못하고, 단 한 번도 예수님을 믿어야 구원받는다는 전도를 받아 보지 못한 수백만 명의 사람들이 있다.

스리랑카의 북부와 동북부 지역은 27년 동안의 내전과 45년간의 계엄령 속에 반군의 활동 지역이 되어 선교와 전도와 구호 활동이 금지된 버림받은 땅이었다. 2010년 종전 이후 이제 그 문이 열렸지만 아직도 북부 지역은 미 전도 종족과 다를 바 없는 미 선교지역이다.

스리랑카의 국민들 한 명, 한 명의 가치를 우리를 통해, 그분들 생애 처음으로 예수님의 이름을 듣기를 소원한다. 그들도 창조주 하나님을 알고, 주 예수 그리스도를 믿을 수 있도록 우리는 복음을 전할 수 있다.

그 사람들이 우리를 통해 예수님의 이름만이 이 세상에서 구원받을 수 있는 유일한 길이요 진리요 생명임을 전해 듣고 믿을 수 있기를 바란다.

그 사람들이 복음을 들은 뒤에, 그분들 스스로 성경을 통해 창조주와 구세주 예수님만이 신뢰할 수 있는 유일한 이름임을 알게 되길 바란다.

그래서 우리처럼 존귀한 천국 백성이 될 수 있게 되기를 바라는 마음이 간절하다.

"내 영혼아 네 평안함으로 돌아갈지어다 여호와께서 너를 후대하심이로다."(시편 116:7)

선교를 가서
하는 일들

"너희가 성경에서 영생을 얻는 줄 생각하고 성경을 연구하거니와 이 성경이 곧 내게 대하여 증언하는 것이니라" (요한복음 5:39)

　오늘은 우리 선교 팀이 계획하고 있는 일이 얼마나 중요한 일인지 한번 정리해서 말하고자 한다. 이 부분은 선교 팀마다 전부 다를 수 있다.

　우리 교회에서는 매년 4월 부활절에 전 교인이 태신자를 약 4만 명 정도 작정한다. 그리고 작정한 태신자들을 10월 말에 하는 대각성 전도 집회 새 생명 기간에 교회에 초청하기 위해 거의 6개월 동안 전 교인들이 열심히 기도한다.

　매년 4만 명 정도씩 이름을 적어 작정한 태신자들을 새 생명 축제에 초청하면 거의 6천~8천여 명의 태신자들이 4일간 우리 교회에 방문한다.

다들 알지만 훌륭한 목사님들 여러 명이 강사로 나서고 유명한 많은 크리스천 연예인들을 많이 동원된다.

그분들 한분 한분이 모두 유명한 분들이기 때문에 전부 강사료나 초청비 등 여러 행사 비용들이 발생한다.

거기에 전 교회의 기관들과 전 교인들이 많은 교회 예산과 교인 개개인의 비용과 노력을 곁들여 그 행사에 수천 명의 태신자를 초청하는 것이다.

태신자들을 교회로 초청하여 전도하는 일이 우리 교회가 1년 중 해야 하는 수많은 행사 중에 첫 번째로 가장 중요한 일이기에 누구도 새 생명 축제를 소홀히 생각하는 사람이 없다.

왜 많은 비용을 들여서 기독교인 연예인들과 여러 강사 목사님들을 초청하는지에 대해 비난하거나, 시비하는 사람을 못 보았다. 바로 그런 일이 교회가 가장 중요하게 해야 하는 전도 사역이기 때문이다.

우리 선교팀 이 일주일 사역 기간에 하는 일도 바로 우리 교회의 대각성 전도 집회, 새 생명 축제와 비슷하다.

의료 선교회의 여러 선교 팀들은 지난 20년 넘게 비슷한 일들을 해 왔다. 바로 수천 명의 환자들을 초청하여 진료하고, 기도해 주고, 복음을 전하여 예수님을 알고 믿도록 하는 일들을 해 온 것이다.

의료 선교회가 여름 선교 기간 여러 나라에 가서 진료하고 전도하는 사람들의 숫자가 거의 8천 명에 달하고, 국내 봉사를 합하면 1년에 만 명이 넘는다.

이번에 우리 팀이 계획하는 4일간의 사역 기간 우리는 대략 2천명의 환자들을 진료하고 그 전체에게 기도해 주고 전도할 작정이다.

우리 사랑의 교회가 1년 동안 준비해서 6천 명을 교회에 초청해서 전도하는 일에 비교하면, 우리는 2달 동안 준비해서 2천 명을 초청하여 전도하는 셈이다. 우리 교회 전체 행사의 절반에 해당하는 일을 지금 수십 명인 우리 선교 팀이 담당하는 것이다.

교회 새 생명 축제와 우리 선교팀의 사역 내용이 서로 다르니, 단순 숫자로만 비교하는 것이 바람직한 비교는 아니다. 교회 새 생명 축제의 고품질 전도 사역과, 우리 선교 팀 약식 전도의 질적, 양적 내용이 다르나, 그래도 단순 비교만 몇 가지로 설명하고자 한다.

우리들이 생각해 봐야 할 비교할 점 몇 가지를 말씀드린다. 첫째로, 우리나라는 전도가 합법적이고 자유이다.

대형 교회는 자유롭게 수천 명의 불신자들을 초청할 수 있다. 이것도 현실적으로 너무 어려운 일이지만 대형 교회는 할 수 있다.

그러나 선교지에서는 현지 사람도 무슬림이나 힌두교, 불교도들을 공개적으로 교회로 초청하여 전도 설교하기가 거의 어렵다. 수천 명의 타 종교 신자들을 기독교 교회로 초청하여 전도하는 일은 우리 의료팀이 아니면 외국에서는 거의 불가능하다.

둘째로, 새 생명 축제 때는 유명한 강사 목사님들과 유명한 연예인들이 많이 강단에 선다.

간증과 공연, 설교 시간 등이 자유이고 자연스럽다.

강한 성령의 역사와 교회와 교인들의 친절한 잔치 분위기, 뜨거운 열기로 인해 불신자들이 감화 감동, 감격하고 결신하기 어렵지 않다.

우리 선교 팀의 경우 많은 아픈 환자들이 수백 명씩 한꺼번에 물린다. 제한된 시간과 시장 장날 같은 혼란스런 분위기에 환자들은 어디로 갈지 몰라 우왕좌왕한다.

셋째로, 교회에는 수많은 훈련된 자원봉사자 교인들이 시간 시간

마다 능숙하고 친절하게 교회에 초청된 불신자들을 잘 안내하고, 설교를 잘 듣고 꼭 결신하도록 잘 도와준다.

반면 의사들은 짧은 시간 안에 과거 병력과 풍토병, 검사 결과서도 없고, 언어 소통도 어려운 가운데, 병명을 잘 모르는 많은 대기 환자들을 효과적으로 진료하고 적절한 처방을 해야 한다. 기도 팀은 진료 끝나고 처방전을 받아서 약국 앞에서 약 나오기를 대기하는 환자들에게, 5-10분 이내의 짧은 시간 안에 전도 설교를 하고 치유 기도까지 해 주어야 한다.

넷째로, 교회 새 생명 축제에서는 보통 4천 명 정도가 결신을 한다. 반면 우리 선교 팀의 진료와 전도 설교에는 정확히 몇 명이 결신하는지 확인을 못 한다. 하지만 믿기로 결신하는 사람들이 지금까지 상당히 많이 생겼다.

분명한 것은 교회 새 생명 축제에서 전도 설교를 듣고 믿기로 결신하는 한국인 1명과, 우리 기도 팀의 전도와 기도를 받고 믿기로 작정하는 선교지의 외국인 1명의 영혼의 가치는 하늘나라에서 동일하다는 것이다.

지금까지 많은 우리 단선 사역을 통해서, 많은 새 신자 교인들이 생겨났고, 새로 교회들이 설립되었다. 그것이 증거이고, 그 이유 때문에 우리가 지금까지 금식하면서 기도하며 준비해 왔다.

현지에서 실제 직접 복음을 설명하는 전도 사역은 현지인 사역자들이 한다. 처음엔 우리 전도 팀원들이 직접 영어로 전도 설교를 하고 통역을 통하여 전달했다. 그런데 우리 전도 팀은 너무 많은 사람들 때문에 곧 지쳐서, 현지인 목사님들이 직접 전도하는 것으로 자연스럽게 바꾸었다.

이 놀라운 일들을 위해서 우리는 몇 달간 마음을 모으며 기도로 모이는 것이다.

"내가 복음을 전할지라도 자랑할 것이 없음은 내가 부득불 할 일임이라 만일 복음을 전하지 아니하면 내게 화가 있을 것이로다"(고린도전서 9:16)

죽은(DOA)자 살리는 응급실과
미자립 교회 살리는 의료 선교

"사데 교회의 사자에게 편지하기를 하나님의 일곱 영과 일곱 별을 가진 이가 가라사대 내
가 네 행위를 아노니 네가 살았다 하는 이름은 가졌으나 죽은 자로다."(요한계시록 3:1)

몇 년 전 가을 어느 날 당뇨병만 약간 있었던, 손아래 처남이 자
전거를 타고 가다가 도로 턱에 부딪쳐서 넘어졌다. 그리고 심장 마
비가 왔다.

다행히 길 가던 행인이 응급 심장 마사지를 하였다. 119를 부르니
구급차가 바로 도착하여 응급 처치를 하였다. 그러면서 대학 병원
응급실에 도착했는데 당시에 심장이 멈춰 있었다.

즉 의학적으로 죽은 상태(DOA: death on arrive)로 응급실에 도
착했던 것이다. 응급실 당직 의사가 바로 응급처치를 하여 심장 박
동이 돌아왔는데, 의식은 회복되지 못했다.

곧 바로 내과 중환자실로 입원하여 저온 치료기 속에 들어가 며칠 간 저온 치료를 받았다.

담당 주치의는 정상 회복을 장담할 수 없으니, 마음을 단단히 먹고 기다리라고 하였다. 죽을 수도 있고, 식물인간이 될 수도 있다고 하여 처남댁은 다시 살아나지 못할 것 같은 두려움에 거의 패닉 상태인 것 같았다.

내가 퇴근해서 보니 아내는 자기 동생이 거의 죽은 것 같아 눈물 흘리며 그때까지도 슬퍼하고 있었다.

아내를 포함한 처가댁 모든 형제들, 친척들이 다들 하나님께 처남을 살려달라고, 다시 정상으로 회복하게 해 달라고 기도를 열심히 했다. 나 또한 같은 마음으로 간절히 살려 주시기를 위해 기도했다.

입원 다음날 담당 주치의에게 전화해서 현재 환자 상태를 물어보니, 당연히 아무것도 장담할 수 없다고 한다.

뇌출혈이 약간 있는 상태에서, 뇌부종이 심하여 지켜보아야 한다고 했다.

그런데 사실 의사들이 그런 애매한 말로 설명할 때는 생명은 살아날 수 있으나, 온전한 회복은 장담할 수 없을 때 흔히 쓰는 표현이다.

명백히 죽을 것 같거나, 심한 장애가 예상될 때는 대부분 애매한 표현보다는 환자 보호자들이 오해하지 않도록 단호히 말한다. 헛된 희망을 품지 않도록 그리고 나중에 법적 소송에서 의사나 병원에 불리하지 않도록 오히려 확실한 표현을 사용한다.

대체로 좋아질 가능성이 있지만, 확실히 장담할 수 없을 때는 일부러 에둘러 애매한 표현을 사용한다. 그래야 나중에 법적 소송에서 불리한 약점을 잡히지 않기 때문이다.

그래서 나는 며칠 이내에 좋아질 것을 예감했다.

하지만 얼마나 정상적으로 회복될지는 기다려 보아야 하고, 또 의식을 회복한 뒤 재활 치료를 잘 받아야 하기 때문에 누구도 장담할 수 없었다.

다행히 가족들의 정성 어린 기도 응답으로 며칠 후 의식이 돌아왔다. 어눌하지만 말도 하기 시작했다. 천천히 운동 신경들도 회복되어 걸음을 걸을 수 있게 되었다.

그 뒤 몇 달에 걸친 약물과 재활 치료에 힘입어, 처남의 몸은 많은 기능들이 회복되었다. 몇 년 뒤에는 이전처럼 완전하게는 아니지만, 거의 90% 이상 회복된 것 같다.

아직도 말이 약간 어눌한 부분이 있고, 건강이 정상인처럼 좋지는 못하여, 일반 직장 생활은 하지 못한다. 하지만 혼자 차를 운전하고 다니면서 처남은 거의 정상인처럼 살아가고 있다.

우리가 몇 년 전 서울시에 등록 법인 단체를 만들기 위해 서울 시청에 가서 종교 단체 담당 직원을 만나 상담을 한 적이 있다. 그 직원은 여러 가지를 물어보면서, 종교인 법인 단체 등록 조건들을 알려 줬는데, 그때 알게 된 사실이 있었다.

일반 NGO는 종교와 상관없는 그 자체 목적의 정관이 있으면 된다. 그러나 종교 단체는 반드시 정관에 포교 활동 계획이 들어가야 승인이 날 수 있다는 것이었다.

대한민국은 종교의 자유가 있는 나라이고, 종교에 관련된 단체는 그 단체가 종교적 행위와 포교라는 활동 계획이 있어야 종교 단체라는 것을 인정받는다는 것이다.

대한민국 종교법에 근거하여, 교회가 해야 할 일은 바로 이것이다. 전도와 선교라는 포교 활동을 그 교회의 처음 설립 목적처럼, 열심히 실천하는 교회만이 대한민국 법적으로 살아 있는 종교 단체이다.

말하자면 전도와 선교 활동을 하지 않고 있는 교회가 있다면, 그 교회는 대한민국 법상 이미 죽은 교회이거나, 거의 죽은 것 같이 병실에 누워있는 환자 상태의 교회라는 것이다.

교회는 예수 그리스도의 고귀한 피 값으로 세워진 예수님의 몸이다. 예수님이 지상의 모든 교회의 머리가 되신다.

예수 그리스도는 창세전부터 계셨으며, 이천 년 전에 십자가에서 우리를 대속하시기 위해 죽으셨다. 우리를 살리시기 위해 삼일 만에 부활하셨고, 40일 만에 승천하셨다. 지금도 진리의 성령님을 통하여 살아서 역사하시는 분이다.

모든 교회는 건물 크기와 출석 교인 수에 관계없이 살아 계신 예수님의 몸이다. 그 교회를 세우시고 유지하시고, 부흥시키시는 분은 살아 계신 성령님이다.

살아서 역사하시는 성령님이 모든 교회의 머리되시면, 살아 있는 모든 교회는 생명체이기에 성장하고 부흥해야 한다.

대한민국 법적으로 전도와 선교 활동을 열심히 하는 교회가 법적으로 살아 있는 교회이다. 매년 출석 교인 수가 늘어가며, 생명력 넘치게 성장하는 교회가 건강한 교회이다.

인구수 5,200만 명의 대한민국 정부 문체부에 등록되어 있는 공식 교회는 55,000개 정도이고, 미등록 교회를 포함하면, 6만 개가 넘는다.

인구 수 3억3천만 명을 넘는 미국에는 공식 교회가 320,000개 있다. 미국에서 출석 교인이 2천 명을 넘는 큰 교회는 1,250개 정도라고 한다(Beyond Megachurch M).

교회 숫자로는 미국 다음으로 2번째로 세계에서 교회 숫자가 많은 나라가 대한민국이다. 또 인구 비율로 보면 우리나라가 일천 명당 교회숫자로 보면 세계 최고이다.

그러나 출석 교인 수 100명 미만인 교회가 70%를 차지하는 것이 사실이다. 안타까운 현실은 출석 교인 수 30명 미만의 미자립 교회들이 너무 많다는 것이다. 전체 교회의 삼분의 일, 아마 1~2만 개 이상의 교회들의 출석 교인 수가 30명을 넘지 않을 것이다.

더 안타까운것은 출석 교인 10명을 넘지 않은 교회가 아주 많다는 것이다. 전체 교회의 20% 정도는 출석 교인이 열 명을 넘지 못하는 것이 엄연한 현실이다.

가슴 아픈 일은 1년에 단 한 명의 새 신자도 늘지 않는 미자립 교회들 또한 많다는 사실이다.

농어촌은 노인들이 죽거나, 요양원, 요양병원 등으로 옮겨감으로 인해 오히려 매년 출석 교인들이 줄어가는 교회들이 현실적으로 더 많은 형편이다. 농어촌 작은 교회들이 생명력 있게 살아 있어서 부흥하고, 성장해야 한다. 그런데 도리어 출석 교인들이 줄고 있으니, 대한민국 종교법상으로 보면, 이미 많은 농어촌 교회들이 입원환자와 비슷한 교회라고 봐도 무방하지 않을까 한다. 좀 과하게 표현하여 교회가 중환자처럼 건강을 잃어 입원한 것과 비슷하다고 봐도 될 것 같다.

우리나라뿐만 아니라, 해외, 외국의 교회들도 거의 비슷할 것이다.

지금까지 이동 팀이 방문한 국내의 많은 교회들뿐만 아니라, 해외 선교를 다니며, 우리가 방문한 외국의 교회들도 가서 보면 약한 교회들이 너무 많다. 스스로 자발적으로 전도와 포교 활동을 거의 하지 못하는 이 많은 연약한 교회들의 현실을 보면서 우리는 어떻게 생각해야 하겠는가? 하나님이 알아서 성장시키고, 부흥시켜 주시겠지 하고 마음속으로 기도만 하면 충분할까.

국내와 해외의 수많은 미자립 교회들이 약하다고 하여 그것이 우리의 책임은 아니다. 그렇다고 우리와 아무 상관이 없다고 모르는 것처럼 외면하고 관심 없이 잊고 넘길 일도 아닌 것 같다.

미자립 교회를 돈으로 도와주는 것도 선한 일이다. 그러나 그 교회들이 스스로 하지 못하는 전도와 포교 활동을 도시 교회들이 도와주어서, 자발적으로 일어설 수 있도록 힘을 보태 준다면 더 좋을 것이다. 분명 주님께서도 우리가 어려울 때 우리를 도와주실 것이다.

의료 선교회는 바로 죽은 자같이 스스로 전도하고, 선교하지 못하여 성장하고 부흥하지 못하는 그런 미자립 교회들을 돕는다. 응급실의 의사가 DOA 환자를 살려낸 것처럼, DOA 상태와 비스무리한 미자립 교회들을 살리는 응급실 의사의 역할을 계속하기를 기대해 본다.

"또 누구든지 하나님을 사랑하면 그 사람은 하나님도 알아주시느니라"(고린도전서 8:3)

많이 받는 자에게
많이 요구하신다

"알지 못하고 맞을 일을 행한 종은 적게 맞으리라 무릇 많이 받은 자에게는 많이 요구할 것이요 많이 맡은 자에게는 많이 달라 할 것이니라."(누가복음 12:48)

인격과 신앙과 기독 의사로서의 삶을 그대로 본받아 닮고 싶은 선배 의사들이 여러 명 있다. 의사로서 누릴 수 있었던 특권 중의 하나가 바로 인격과 신앙과 삶이 일치하는 그런 선배 여러 명을 인격적으로 알게 된 것이 아닌가 한다.

그분들을 닮아가지 못해서 부끄럽다. 그래도 오직 믿음 하나로 천국에서는 그분들 옆자리에 설 수 있을 것이라는 소망 때문에 기쁨이 있다.

정년 퇴임한 존경하는 의과 대학 외과 교수이자 KBS 명의 프로그램에 외과 명의로 방송되기도 한 누가회 회원인 외과 의사 선배

한 분이 있다. 그분이 내게 해 주신 말이 있다. "나는 평생을 이삭과 같이 평탄하고 평안한 인생을 살아왔기에 하나님께 감사한다. 하나님은 많이 받은 자에게 많이 요구할 것이라는 말씀이 항상 나의 마음속에 자리 잡고 있다."

레지던트 시절 비록 전공과는 달랐지만, 같은 병원에 외과 교수로 계신 그분의 뒷모습을 보면서, 내가 의사로서 제일 닮고 싶고 본받고 싶은 존경하는 분이 그 선배의사였다.

그 선배 의사와 국내 의료 봉사를 같이 많이 했고, 해외 단기 선교를 같이 가기도 하는 행운이 있었다.

많이 받은 자에게 많이 요구하신다는 예수님의 말씀이 그분뿐 아니라 나에게도 좌우명이 되었다.

뒤를 돌아보면 모든 것이 하나님의 선물이요 은혜인데, 앞으로 예수님을 만날 때 얼마나 죄스럽고 죄송하고 부끄러울까 하는 생각이 드는 것은 어쩔 수가 없다.

그래서 "백세까지 봉사해서 부족함을 채우자"라고 결론을 내리고 "백세 봉사론"을 생각하게 되었다.

그리고 억지로 예수님의 십자가를 짐으로 말미암아 사도 바울에게 루포의 어머니는 곧 내 어머니라는 칭찬을 들은 알렉산더와 루포의 아버지 구레네 시몬처럼, 우리도 자원하는 마음은 없지만 억지로라도 십자가를 지면 시몬처럼 같은 복을 받는다는 확신을 갖게 되었다.

하나님의 나라를 위하여 '자기 직업으로 봉사하는 것이 가정의 축복이다'라는 소신을 갖고 있기에 만나는 여러 사람들에게 같이 봉사하자고 권하는 말을 자연스럽게 하게 되었다.

내가 무리하게 강권하는 것이지만, 순종하는 그분들이 하나님께 복을 받고 그분들의 자녀들이 루포처럼 잘 될 것이라는 소신은 로마서 16장 13절을 보면 맞는다고 확신한다.

2020년 현재 지구상 인구가 거의 78억 5천만 명이다.

그중 주일에 교회에 정기적으로 출석하는 개신교인은 5%를 넘지 못한다. 천주교와 러시아 정교회 등과 중동의 극소수 기독교인, 이집트 콥틱 교회 등을 다 합쳐도 10%를 넘지 못한다.

기독교는 2천 년의 역사를 가지고 있다. 그러나 인격적인 기독교는 르네상스 이후 신본주의를 탈출하여 인간 중심인 계몽주의 이성이 발달하면서 외면당하기 시작했다. 근대적인 산업화와 공리주의, 실용주의 철학, 철학자 칸트의 순수 이성 비판 철학, 유럽의 고등

종교 비판, 고고학, 자유주의 신학, 포스트모더니즘과 종교 다원주의, 유엔 인권 위원회의 막강한 권한 행사 등으로 인해 유럽과 선진국에서 기독교는 설 자리를 잃었다.

미국에서도 기독교는 인권과 개인의 자유를 중시하는 현대에 인기 없이 쇠퇴하는 구시대의 유물이 되어가고 있다.

우리가 영적으로 얼마나 어두운 시대에 살고 있는지 이슬람 종교를 통해 살펴보고자 한다. 지금 전 세계에서 가장 강력하게 종교 인구를 늘려가는 것은 무슬림이다. 기독교인들이 무슬림에 대해 잘 모르고, 별 관심이 없기 때문이기도 하지만 무슬림은 지구상에서 빠르게 늘어가는 무서운 종교이다.

1차 세계 대전이 일어나기 전인 1900년대 초만 해도 무슬림은 지구상에서 전체 인구 25억 명 중 20%, 5억 명을 넘지 않은 지역 종교였다. 불과 100년 만에 무슬림은 30%를 넘는 25억 명을 자랑하며 전 세계에서 인구가 가장 많은 최대 종교가 되었다.

기독교가 쇠퇴한 빈자리를 무슬림이 다 채우고 기독교인들을 흡수 개종시킨 것이다. 기독교는 개인적이고 인격적인 종교이다. 반면 무슬림은 개인과 무관한 생활 종교이고 가족 종교이기에 무슬림 가정에서 태어나는 아이는 무조건 100% 무슬림이다.

20년 전에 기독교 선교사가 17만 명이 안 될 때도 공식적인 무슬림 선교사는 100만 명이 넘었다. 기독교인 선교사는 계속 줄어들고 있고, 무슬림의 선교사는 기하급수적으로 늘어나고 있다. 유럽은 무슬림 난민들을 계속 받아들임으로 말미암아 이미 위험 수위를 넘었다.

2016년 유럽 국가들 공식 통계상 전체 인구의 9% 정도가 무슬림이었다. 2018년 현재 비공식 예상 통계는 난민들 때문에 스웨덴, 프랑스, 스페인, 이탈리아, 벨기에 등 유럽 전체의 10% 이상 인구가 이미 무슬림화되어 가는 단계가 되었다.

잘 알다시피 영국도 이름만 기독교 국가일뿐 주일 예배 참석 인원은 3%밖에 안 된다고 한다. 이미 영국에서 무슬림 인구는 10%를 넘어 무서운 기세로, 영국을 무슬림 국가로 만들어 가고 있다.

그중 스웨덴은 이미 무슬림이 인구의 20%를 넘어 무슬림화되어 가고 있다는 소리도 들린다. 지난 10년 동안에 무슬림에서 기독교로 개종하는 사람이 8백만 명 정도 된다고 한다.

그러나 그 10년 동안 무슬림 가정에서 태어나 자연 증가한 무슬림의 수는 3억 명이 넘는다.

지금 지구에서는 1년에 거의 1억 명씩의 인구가 늘어나고 있다. 1999년 60억 명이 12년만인 2011년 70억 명을 넘고, 2020년 78억 5천만 명이 되었다.

무슬림 선교사들의 포교에 의해 무슬림이 늘어나는 숫자도 수백만 명이 넘을 것이다. 미국 어느 단체에서 발표한 것인데, 유럽 국가들을 무슬림 국가화 시키기 위한 무슬림 단체들의 8단계 전략이 있다고도 한다.

앞으로도 무슬림은 전 세계를 눈덩이처럼 무슬림화하기 위해 전력투구할 것이다. 우리나라는 개인적으로뿐만 아니라 교회적으로도 복을 넘치게 많이 받았다.

주님은 이미 많이 받은 우리들과 우리나라 교회에 더 많이 요구하실 것이다.

우리가 지금에 만족하지 말고, 몇 배 더 순종하고, 더 전도와 선교를 위해 노력했으면 한다.

"네가 말하기를 나는 부자라 부요하여 부족한 것이 없다 하나 네 곤고한 것과 가련한 것과 가난한 것과 눈먼 것과 벌거벗은 것을 알지 못하는 도다"(요한계시록 3:17)

죽었지만 살아 있는 애완견과
살아 있으나 죽은 아이들

"여자가 대답하여 이르되 주여 옳소이다마는 상 아래 개들도 아이들이 먹던 부스러기를 먹나이다."(마가복음 7:28)

우리 지역 다락방 B 순원 집사님 댁에서 있었던 이야기를 하나 하고자 한다. 그 집사님은 큰 회사의 사장님 바로 아래 가장 높은 총괄 본부장을 역임하고 있다. 어느 날은 그 집사님 댁에서 다락방을 하기로 한 날이었다.

그런데 카톡 연락이 왔다. 그 댁에서 18년을 기르던 반려견이 며칠 전에 죽었는데, 가족들(부인과 대학생 2명)이 모두 슬픔에 잠겨 있어 자기 집에서 다락방을 할 수 없으니, 연기해 달라는 소식이었다.

그래서 할 수 없이 그 주는 다락방을 쉬었다.

그 다음주에 우리집에서 다락방을 하면서 어떤 일들이 있었는지 물어 보았다. 사연인즉 반려견이 많이 아파서 단골 동물병원에 갔더니 비장에 암이 생겨 수술을 해야 한다는 것이었다. 그래서 더 큰 동물병원에 입원시켜서 암 수술을 하고 10일 이상 입원 치료를 했는데 결국 죽었다는 것이다.

그런데 문제는 자기 아들 2명이 사춘기를 죽은 반려견과 같이 보내면서 컸다는 것이다. 그래서 개 장례식장에서 장례를 치르고 화장장에서 화장을 시켰다고 한다.

그리고 그 유골을 가지고 개 납골당에 안치시키지 않고, 아들들 때문에 석상이라는 기념 돌로 만들어서 집에 가져와 보관하고 있다는 것이다, 애완견 수술비와 입원비, 장례비와 석상 만드는 데 많은 돈이 들었지만 조금도 아깝지 않았다고 한다. 아마 최소 몇 백만 원 이상은 썼을 것 같았다.

그런데도 큰아들은 대학원생인데 개가 죽은 지 20일이 넘도록 슬픔에 빠져 정상 생활을 하지 못하고 있다고 내게 말해 주었다.

슬픔의 말을 듣고 순장으로서 같이 공감하며, 위로를 해 주었지마는, 그 말을 들으면서 이번에 단기 선교로 갈 코타키나발루의 필리핀 출신 불법 이주 무국적자인 무슬림 아이들이 머릿속에 떠올랐다. 부모가 필리핀 무슬림들인 불법 이주민의 자녀들은 호적이 없다. 국적이 없어, 살아 있지만 투명 인간이나 마찬가지이다.

살아 있지만 신분증이 없으니 학교도 갈 수 없고, 아파서 병원에 가도 보험 치료를 받을 수가 없다. 지금 다니고 있는 교육부 무인가 대안 학교를 졸업하면, 상급 학교에 진학할 수가 없다. 신분증이 없으니 좋은 회사에 정규 직원으로 채용될 수도 없고, 결혼을 해도 혼인 신고를 할 수가 없다. 자녀를 낳아도 출생 신고를 할 수가 없다.

외국에 여행을 가고 싶어도 여권을 만들 수가 없다. 심지어 죽어도 사망 신고를 할 필요가 없다. 살아 있지만 죽은 사람이나 다를 바가 없다.

그 아이들이 호적을 만들지 못하고, 국적을 취득하지 못하면 그 아이들이 성인이 되어 결혼해서 태어나는 그 후손들도 역시 마찬가지 운명이 되는 것은 자명한 일이다.

지금은 대부분의 반려견들이 개 출생 신고서를 가지고 있다. 즉 호적이 있다.

불법 이주민 자녀들은 호적과 국적이 없으니, 한마디로 애완견보다 못한 신세라 해도 과언이 아니다. 그래서 이들을 생각하면 가슴이 저려 온다. 이번 우리 사역을 통하여 분명히, 그들 중에 세례 받는 아이들이 생길 것이다. 세례 받은 아이들 중에 똑똑하고 영리하며, 고등학교, 대학교에 진학해서 더 공부 하고 싶은 아이들이 있을 것이다. 고등학교에 진학시켜 공부시키면 좋을 아이들이 필리핀 국적을 회복하면 좋겠다. 그들을 필리핀으로 보내 필리핀 고등학교와 대학교를 졸업하게 해 주면 좋겠다는 생각을 해 본다.

우리가 학비까지 대줄 필요는 없을 것이다. 어떤 분에게 듣기를 이미 필리핀에서 교육부 장관을 통해 국가로부터 해외 이주 필리핀 자녀들을 위한 학교용 부지를 기증받았다고 한다. 그래서 불법체류로 해외에서 출생한 무국적 필리핀 학생들을 받아줄 자매 고등학교와 대학교가 한국의 어느 교회와 한 사업가에 의해 곧 건축될 예정이라고 했다.

그들이 대학교를 졸업하여 학사 학위를 취득하면 좋겠다.
정식 교사 자격증을 받아 정교사 되고, 신학교로 진학해서 목사가 되고, 자기 민족 무슬림에게 복음을 전하는 선교사가 될 수 있을 것이다. 어떤 학생들은 공과 대학과 경영 대학을 나와 좋은 회사에 취직하고, 자기 사업체를 만드는 사업가가 될 수 있을 것이다. 법대로 진학해 변호사가 나올 수 있을 것이다.

의대로 진학해 의사가 나온다면 그들이 태어난 코타키나발루 고향으로 돌아와 자기와 같은 처지의 자기 민족을 돕는 자들이 나올 것이다. 현재까지는 선교사 대안 학교에서 기독교 교육을 받은 아이들 중에 세례 받은 사람이 한 명도 없다고 한다. 무슬림 부모들이 허락하여야 가능한 일이기 때문이다.

이번 우리 의료 선교 사역을 통하여, 자발적으로 세례 받는 아이들이 나오길 기대하고 있다. 필리핀 국적을 취득하는 데는 삼사십만 원 정도 든다고 한다. 현재 그들이 살고 있는 나라인 말레이시아 국적을 취득하는 데는 몇 백만 원 이상이 든다고 한다.

예수님을 영접한 뒤 그리스도를 위해 헌신할 아이들에게 그들 부모들의 국적인 필리핀 국적과 그들의 국가인 말레이시아 국적을 취득할 수 있으면 좋겠다는 생각을 해 본다.

"그러므로 우리는 기회 있는 대로 모든 이에게 착한 일을 하되 더욱 믿음의 가정들에게 할지니라."(갈라디아서 6:10)

무모함이
일상의 기적이 된다는 여호수아

"강하고 담대하라 너는 내가 그들의 조상에게 맹세하여 그들에게 주리라 한 땅을 이 백성에게 차지하게 하리라"(여호수아 1:6)

누구나 꼭 죽기 전에 해 보고 싶은 소원들이 있다. 그것들을 버킷 리스트라고 부른다. 어떤 친구가 자기가 꼭 해 보고 싶은 버킷 리스트를 적어서 내게 보여준 적이 있다.

미술, 악기, 사진, 운동, 여행, 등등 여러 가지가 적혀 있었다. 실제로 그 친구는 직장을 은퇴해서 시간이 무한정 남기 때문에 자기 버킷리스트를 실천하기 위해 외국여행을 계속하면서 사진과 글들을 SNS 밴드에 올리곤 하였다.

그런 친구들처럼 과감하고 용감하게 자기가 하고 싶은 것을 할 용기가 내게는 부족하다. 아마 많은 사람들이 나처럼 그냥 꿈으로만 하고 싶은 마음들을 품고 살 것이다.

여호수아서를 읽다 보면 여러 번 반복적으로 대하는 장면들이 있
다. 오합지졸인 이스라엘 백성들이 하나님의 손과 함께할 때, 넘을
수 없어 보이는 장벽을 뛰어넘어 불가능을 가능으로 바꾸는 장면들
이다. 여호수아서는 하나님이 함께하시면 무모함이 일상의 기적이
된다는 내용들이다.

출애굽에서 시작된 대장정이 여호수아를 통하여 진행되었다. 요
단강을 건너면서부터 그들이 경험하는 수많은 기적들의 현장 장면
들을 눈앞에 상상으로 그려본다. 우리 가슴도 같이 뛰는 것을 느낄
때가 있다.

이스라엘 백성들이 요단강 앞에 서서, 또 여리고성 앞에서 느꼈
을 불가능의 벽을 나도 같이 느껴 본다. 40년을 사막과 광야에서 생
활한 이스라엘 백성들은 훈련받은 정규군 병사들이 아니었다. 가나
안 땅을 정탐하고 돌아온 12지파 정탐꾼들이 보고 와서 말한 내용,
즉 가나안 땅에는 네피림 후손인 아낙자손의 거인들을 보았다는 보
고를 받고 이스라엘 백성들이 밤새도록 통곡을 한다.

그리고 모세와 여호수아와 갈렙을 돌로 쳐 죽이려고 했다.

그때 하나님의 영광이 나타나 모세에게 말씀하신다. 내가 전염병

으로 이스라엘 백성들을 쳐서 멸하고 모세 너를 통하여 새로운 민족을 만들어 그들보다 크고 강한 나라를 이루게 하겠다고 말씀하셨다.

모세는 그들을 위해 이스라엘 백성들을 살려 달라고 중보기도 한다. 그러자 하나님이 양보하셨다. "여호와께서 이르시되 내가 네 말대로 사하노라"(민14:20). 그러나 20세 이상 되는 사람들로 여호수아와 갈렙을 제외하고 모두를 광야에서 죽게 하시겠다고 말씀하셨다. 백성들이 다 죽을 때까지 40년 동안 광야를 방황하게 될 것이라 말씀하셨다. 하나님께서 그렇게 많은 이적들을 행하셨는데도 출애굽한 이스라엘 백성들은 하나님을 신뢰하지 못한 것이다.

40년 동안 아버지 세대들이 광야에서 여호수아, 갈렙 외에는 전부 죽었다.

그 자녀들이 광야에서 그저 기다리다가 장년이 되었다. 이제 요단강을 앞둔 아들 세대의 이스라엘 백성들은 가나안 사람들이 두려웠을 것이다. 이들이 장대한 아낙자손 거인들과 일대일로 싸워서 이길 가능성은 희박하다. 여호수아는 모세로부터 배웠고, 하나님을 직접 경험했다. 강하고 담대하라는 하나님의 명령에 흔들리지 않고 이길 것을 확신했다.

하나님은 여호수아가 흔들리지 않도록 하기 위해, 여리고성 앞에서 여호와의 군대 장관을 만나도록 한다. 여호수아는 가나안 정복의 후원군이 바로 하나님의 군대임을 확인하고 주저함 없이 명령대로 순종한다. 싸우지 않고 여리고성 땅 밟기 기도만 함으로써 여리고성을 얻고 난 뒤, 나머지는 7년이란 기나긴 기간 동안 힘든 전쟁을 통하여 가나안을 정복하여 승리로 이끌었다.

불교가 국교인 나라 스리랑카나 태국, 미얀마, 캄보디아를 볼 때에 가나안 아낙자손 거인들을 바라보는 것 같다.

스리랑카만 해도 세계 최대의 거대한 불상들이 전국의 수많은 불교 사원에 아주 많은 나라이다. 석가모니의 유물들을 자랑하며 불교의 원조 국가임에 자부심을 갖고 살아간다.

그런 강한 스리랑카 싱할라족 사람들을 볼 때, 스리랑카 교회의 약한 모습이 대비되어 보인다. 골리앗 같은 아낙 자손 앞에서 두려워 떨 수밖에 없었던 이스라엘 백성들의 모습이 마음속에 그려진다.

하나님의 의로운 오른손을 의지하는 자만이 불가능의 벽을 기적의 현장으로 바꿀 수 있다. 여호수아와 이스라엘 백성들은 분명히 오합지졸 무리들이었다.

그 오합지졸의 군대에 여호와의 군대 장관이 함께하니 가나안 거인 족속들은 마음이 녹았고 정신을 잃었다.

우리는 도도하게 흐르는 역사의 강물에 돌멩이 몇 개를 던져서, 강의 물길 방향을 바꾸려고 시도하고 있다. 우리가 던지는 돌멩이들을, 하나님이 모아서 댐으로 만드시면 언젠가는 물길이 바뀔 수 있다.

우리는 스리랑카의 종교법이 바뀌길 기도하고 있다. 제자 훈련이 스리랑카에 뿌리내림으로 말미암아, 스리랑카의 교회들이 부흥하길 기도하고 있다. 대형 교회로 성장하여 불교 단체에 당당하게 맞설 수 있는 날이 오기를 기도하고 있다.

그날이 언제 올지는 아무도 모른다. 여호수아와 갈렙이 아낙자손들과 맞서 이겼던 것 같은 기적이 스리랑카에서 일어나기를 기대하며 기도한다.

도전해 보지 않고, 시도해 보지 않고, 여리고 성이 저절로 무너지지 않는다고 불평할 수는 없다.

"요단 서쪽의 아모리 사람의 모든 왕들과 해변의 가나안 사람의 모든 왕들이 여호와께서 요단 물을 이스라엘 자손들 앞에서 말리시고 우리를 건너게 하셨음을 듣고 마음이 녹았고 이스라엘 자손들 때문에 정신을 잃었더라"(여호수아 5:1)

한국 교회 부흥에 기여한 의사들과
순교한 의료 선교사들

1885년 4월 5일 부활절에 언더우드 선교사와 아펜젤러 선교사가
함께 인천으로 입국하였다.

의사로는 알렌 선교사가 1883년 먼저 중국 선교사로 가서 중국에
서 1년 선교하다가 1884년 9월 조선 최초의 의사 선교사로 입국하
였다.

그로부터 거의 1년 뒤 알렌은 갑신정변으로 몸에 칼을 맞아 중상
을 입은 민영익을 서양 의학으로 3개월 동안 치료하여 낫게 함으로
써 고종의 신임을 얻어 광혜원 설립 인가를 얻어냈다.

광혜원은 2주 후에 제중원(널리 민중을 치료하는 곳)으로 이름이

바뀌었고, 입원 병상 수 40개를 갖춘 소규모 종합 병원이 되었다.

사역 초기에 알렌은 조수나 간호사의 도움 없이 하루 최고 265명
의 환자들을 진료하였다. 2개월 후에 의사 존 헤론이 내한하여 함
께하였다. 첫해에 치료한 환자 수는 입원 265명, 큰 수술 150명, 작
은 수술 400여 명으로 총 진료 환자 수는 일만 명을 웃돌았다.

두 번째로 내원한 의사 선교사 존 헤론은 너무나 열심히 환자들을
진료하며 몸을 사리지 않은 까닭에 내한 5년 만에 악성 이질로 순교
하고 말았다. 헤론이 죽은 뒤 정부로부터 양화진 땅을 외국인 묘지
로 하사받아서 양화진에 묻혔고, 그 뒤 선교사 순교자들은 차례로
양화진에 안장되었다.

게일 선교사는 순교자 헤론에 대해 다음과 같이 회고하였다. "닥
터 헤론에 의해 왕으로부터 아주 가난한 머슴에 이르기까지 많은
사람들이 그의 능란한 의술에 의해 육체적 고통에서 구제되었다.
그는 기독교 기사단의 기사였으며, 그의 수술용 란셋은 그가 휘두
른 무기였다.

그는 자기 밑에서 일하는 사람들의 생명과 안전까지 책임지고 있
다는 것을 느꼈기 때문에 조선인을 위해 일할 때 그의 밑에 있는 사

람들 역시 자기네 생명이나 안전을 돌보지 않았다. 그는 더 말할 나
위 없이 잘 보살피고 잘 지켰고 용감하고 겁낼 줄 모르는 사람이었
다.

그로 해서 가장 높은 분의 존경을 받고, 가장 천한 사람들의 흠모
와 사랑을 받았다. 그의 자기희생적이고 친절한 태도는 언제나 그
의 일과에 따라다니는 슬기로운 잔소리였다."

헤론은 자신의 임종 자리에 모인 한국인 친구들에게 "예수님은 여
러분을 사랑하십니다. 주님은 여러분을 위해 그의 생명을 바쳤습니
다. 주님을 믿으십시오!"라는 유언을 남겼다.

언더우드 선교사가 들어온 때로부터 35년이 지나 삼일 운동이 일
어났다. 이때 모든 삼일 운동의 사전모임과 진행 사항은 거의 전국
의 교회를 통하여 준비되었다. 경찰들의 눈을 피하여 준비하였기
때문에 조선총독부는 지도자들이 모여 만세운동을 할 때까지도 사
전에 아무 정보를 얻지 못하였다.

독립 선언문을 발표한 뒤에 지도자들은 식당으로 간 뒤, 총독부
에 자진 신고하여 모두 잡혀가게 되었다. 그럴 수밖에 없는 시대적
상황이었다. 그때 조선에는 교회 지도자들 외에는 일제에 대항할
수 있는, 백성들이 원하는 용기 있는 국가적인 지도자가 없었던 것

이다.

 역설적으로 그 시대에 벌써 기독교는 백성들을 대표할 수 있는 신뢰받는 종교가 되어 있었다. 교회 목사와 장로들의 지도자적인 삶은 백성들이 존경하는 지도자들이었기 때문이다.

 (윌리엄 뉴튼 블레어 목사 보고서)

 1919년 3월 1일 삼일 운동 때 기독교는 전체 국민의 1.2% 정도였으나, 국민들은 이미 기독교 지도자들인 목사와 장로들을 국민의 지도자로 인정하였다. 그들 외에는 죽을 위험을 무릅쓰고 지도자로 나서는 사람들이 별로 없었기 때문이다.

 복음 전파 50년 만인 1935년에 장로교 교회만 전국에 5,000개로 부흥하였으며 교인 수는 32만 7,000명에 달하였다.

 이는 2천 년 전 기독교 초기 로마에 복음이 들어간 시기와 비교할 때 3배나 많은 숫자였다.

 이 엄청난 부흥의 대가는 바로 서양 선교사들의 헌신과 희생, 순교의 결과였다. 여기에 많은 의료 선교사들이 순교하며 선교한 값비싼 희생이 뒤따랐기 때문이다. 선교 초기 40여 년 동안 조선에 와서 질병과 과로로 순교한 의료 선교사는 14명이나 되었다. 의사 10명, 간호사가 4명이었다.

1941년 12월 7일 일본은 진주만을 공격하면서 미국과 전쟁을 시작하였다. 그리고 국내에 남아 있던 모든 서양 선교사들을 추방하였다. 이 선교사 추방 때에 이미 장로 교회는 6,000개, 장로 교인은 60만 명에 이르렀다. 다른 교단 감리교, 성결교, 성공회, 구세군까지 합치면 약 1만 개의 교회가 있었고, 신사 참배로 인한 심각한 일본의 기독교 말살 정책에도 불구하고 기독교인 수는 100만 명으로 전국 인구의 2.5%에 이르며 엄청난 부흥을 이미 이루어 내고 있었다.

동남아시아나 아프리카 같은 세계 다른 나라들이 200-300년의 긴 기간에도 이루어내지 못한 엄청난 부흥이 일제의 통치하에 이뤄진 것이다. 주기철 목사 같이 거의 200명이 넘는 기독교 지도자들이 순교하는 가운데 살벌한 상황, 일본의 종교 핍박 속에서 일어났던 것이다.

1894년 6월~1895년 4월 청일 전쟁과 1994~1995년 러일 전쟁으로 인해 전국이 피폐해진 가운데 국민들은 희망과 소망을 잃었다. 1910년 한일 합방 전까지도 끝없는 당파 싸움이 지속되었고, 힘없고 지도력 없는 고종 황제의 무력한 정부에 국민들은 실망할 수밖에 없었던 시절이었다. 백성들은 가난과 무학, 무지, 미신 등으로 소망 없이 어둠 속에서 무력하게 살아가고 있었다.

당시 도덕적인 유교는 무능했고, 타락한 불교와 승려들의 부도덕으로 불교 승려들은 서울 사대문 출입이 금지되어 있었다. 그런 가운데 기독교에 적대적인 종교 단체가 없었던 것도 기독교 선교에 유리한 점이 되었다.

흑암에 앉아 미래와 인생에 소망과 꿈을 가질 수 없었던 조선인들에게 자기 몸을 사리지 않는 진정한 사랑의 사도들인 "작은 예수" 선교사들의 진심 어린 마음과 진실한 영혼의 사랑에 감동, 감사하여 복음을 받아들인 사람들이 많았다.

100년 전에 한국에 내한한 의사 선교사들은 세계 의술의 최고봉이었던 명문 의과 대학(뉴욕, 토론토, 보스톤) 등의 의대 출신들이었다. 여자 의사들도 역시 볼티모어(존스 홉킨스), 펜실베니아, 시카고, 미시간 등의 명문 의대를 졸업한 뛰어난 의학 실력을 갖춘 분들이었다. 그중에는 토론토 의대와 볼티모어 의대를 수석으로 졸업한 수재 의사들도 포함되어 있었다.

당시 미국 선교 협회는 전원 건강한 의사들만 한국 선교사로 파송하였다. 그러나 당시 조선은 원시적인 주거 환경과 열악한 위생, 가난과 영양 결핍으로 전국적인 전염병들이 유행했던 시기였다. 전염병 환자가 발생해도 열악한 환경과 질병에 대한 무지몽매함으로 인해 환자를 격리시키지 못하였다.

그래서 일 년 내내 콜레라, 발진 티푸스, 폐결핵, 천연두, 홍역, 장티푸스 등의 전염병이 지속적으로 유행하였다.

그런 열악한 환경에서 의사 선교사들은 자신의 몸과 건강을 생각하지 않고, 감염 환자들을 몸으로 밀착 치료하였다. 밤과 낮, 평일과 주일을 가리지 않고 의료와 전도사역에 매진하다 보니 결국 병에 쉽게 감염되거나 과로로 인한 건강 이상을 초래하였던 것이다. 이들의 순교로 많은 한국인들이 감동 받아 그리스도를 믿게 되었다.

참조: 《현대 의료 선교학》(미래사)

《의료 선교학》 (전우택)

《그리스도를 나눈 의료 선교사》 (차신정)

《한국 선교 이야기》 (조지 톰슨 브라운)

《조선 초기 선교 이야기》 (윌리암 뉴튼 블레어)

《교회사》 (김희보)

초기 한국 선교사들의
비하인드 보고서들

"마치 우리는 한국에서 큰일이 일어나는 시대의 초기에 있는 느낌이다… 러일 전쟁과 일본인에 의해서 나라가 침략당해서 백성들은 심적으로 혼란스러워하고 불안해하고 있다…

이런 한국 사람들의 안정되지 못한 마음의 상태로 그들은 여기저기 두리번거리며 무언가 의지하고 보호 받을 수 있는 것을 붙잡으려고 하고 있다. 이것은 물론 복음이 약속한 것은 아니다. 그러나 내가 지적하고자 하는 것은 한국 사람들이 지금 받아들일 마음의 상태가 되어 있고 복음을 들으려고 한다는 것이다."

-W.F.불 1905년 9월 선교지 보고 〈Era of Great Things in Korea〉-

"이 시기의 특징적인 정신은 날아오르려는 정신이 아니라 혁명의 정신, 즉 현 상황을 변화시키려는 강렬한 욕구이다. 이 혁명적인 정신은 여러 가지 방법으로 나타나고 있다.

때로 이들은 게릴라 전쟁으로, 또는 현대적인 교육의 지향으로… 또 다른 사람은 한국에 하나님의 나라의 축복을 가져오기 위해 기독교회에 참여하여 희망을 나누며 동참한다."

A.W 왓슨은 '한국의 교회 성장' 중에서 "최근 극동 여행에서 나는 협력 선교 측면에서, 한국에서의 현재 사역이 바로 미래에 적절히 유지되고 확장된다면, 한국이야말로 비기독교 국가에서 기독교 국가로 변하는 최초의 나라가 될 것이라고 확신한다.

나는 어느 선교 현장도 지출한 경비에 비해 한국에서만큼 더 크고, 더 많은 실질적인 열매를 분명히 맺은 곳을 알지 못한다."

－존 R. 모트 1908년 10월 선교지, 〈The Open Door in Korea〉－

닥터 알렉산드로 드루는 펜실베니아 대학 약학과와 버지니아 의대를 졸업하고, 한국 의료 선교사를 지원하여 결혼 후 신혼여행도 미룬 채 한국으로 향했다. 1893년 내한하여 8년간 사역을 하였다. 첫해 서울에서 언어와 문화와 역사를 익히고, 미국 남장로교의 레이놀즈 선교사의 안내로 호남땅의 첫 번째 의사 선교사로 군산항에

도착하였다. 그는 약 40일간 전남, 북도와 부산까지 순례하였다.

1895년 봄에 군산 100여 가구밖에 되지 않는 작은 항구 선창가 한집에서 어민들을 대상으로 진료를 시작하였다.

그는 전킨 선교사와 함께 한 달간 군산 시내와 이웃 마을들을 순회하면서 진료하였다. 이들은 오전 9시부터 10시 반까지 전도하였고, 그 후 진료를 시작하여 어떤 날은 50명까지도 진료하였다.

두 선교사는 한 사람 한 사람을 붙잡고 서툰 한국말로 기도했는데, 사람들은 선교사들을 매우 따뜻하게 대하였고, 복음을 잘 들었다. 이때 2명이 그리스도를 영접하게 되어 이를 통해 교회를 개척하게 되었다.

동학 혁명과 청일 전쟁으로 서울로 올라와서 1년간 머물면서 콜레라 퇴치에 힘쓰다가 1896년 4월에서야 다시 군산으로 가 군산 야소병원에서 의료 사역을 시작하게 되었다.

닥터 드루는 연 2,700명을 진료하였고, 약 600건의 수술을 하였다. 군산은 복음에 대한 반응이 다른 어느 곳보다도 즉각적이었다. 전킨 선교사는 정기적으로 회중들에게 설교했는데, 어떤 신자들은 주일 예배에 참석하기 위해 토요일 밤에 자기 집에서 출발하여 밤새 걸어오기도 했다. 그 정도로 사람들의 열의는 뜨거웠다.

전킨 선교사와 닥터 드루는 교회에서 교인들의 출석을 부른 뒤, 아파서 결석한 사람이 있으면 그 집에 달려가 치료와 함께 기도를 해 주어 교회는 부흥하였다.

닥터 드루는 집에 있는 손님용 숙소에 진료소를 차려 선교사와 주민들 사이의 주요한 연결 고리를 만들었다.

드루는 작은 진료용 배를 만들어 금강과 만경강을 따라 작은 마을들을 찾아다니면서 치료와 함께 기독교 서적과 전도지를 나누어 주면서 복음을 전하였다.

그가 가는 마을마다 알 수 없는 병에 걸려 죽어 가는 많은 사람들이 그의 손길을 기다리고 있었으며 자원봉사자들의 협력을 얻어 많은 생명을 건져 내었다. 죽을 뻔하다 살아난 경우 옆에서 간호하던 전도자가 "꼭 하나님을 믿으시오"라고 말하면 환자가 깜짝 놀라 모두 하나님을 믿게 되었다고 한다.

많은 사람이 죽을병에서 나아 닥터 드루를 신접한 사람이라고까지 불렀다.

1897년 한국 선교부를 방문한 선교사 체스터 박사는 이렇게 묘사했다. "의사는 심장이 자기 몸보다 큰 사람이며, 끊임없이 군중을 위한 자비의 목회에 자신을 내어 주는 사람이다."

그러나 닥터 드루는 과로로 인해 극도로 건강이 약해져서 선교부로부터 강제로 귀국 명령을 받고 귀국하였다. 오랫동안 치료를 받아야 했기 때문에 다시 돌아오지 못하고 미국에서 공의로 일했다. 그가 입버릇처럼 했던 말은 "내가 누워 있으면 한국 사람들이 죽어간다"이었다.

닥터 드루와 함께 사역했던 전킨 선교사는 자신의 사랑하는 세 아들을 병으로 잃었다. 죽은 아이들을 군산 선창가가 내려다보이는 작은 언덕 위에 묻었다. 목사 선교사인 전킨은 여러 해 동안 겪은 경험을 이렇게 적었다.

"내 말이 다리에서 떨어져서 내 다리가 부러졌다. 이 때문에 절개 수술을 했는데, 그것이 편도선염을 가져왔다.

내 어린 것들은 집에서 의사도 없이 태어났다.

그리고 며칠 후에 폐렴으로 죽었다. 아내는 이뿌리가 썩어 염증이 생겼으나, 그녀의 치아 통증을 치료할 치과 의사가 없었다. 나는 그 뒤 상당 기간 동안 아팠으며, 두 번째 편도선염이 왔고, 세 번째로 또 편도선염이 왔다. 그래서 병원에 갔더니 의사가 두 편도선을 제거했다. 마취제가 한쪽은 듣지 않았기 때문에 수술은 너무 어려웠다… 이런 일들과 기타 여러 가지가 한해 넘기는 것을 힘들게 했다…"

－《한국 선교 이야기》, 조지 톰슨 브라운－

전킨 선교사 본인도 너무 많이 늘어난 교회와 교인들을 돌보다가 1908년 1월 2일 폐렴에 걸려 순교했다.

그가 남긴 마지막 말은 "나는 본향에 가서 매우 행복하다"라는 것이었다.

서양 선교사들은 죽은 자신의 핏덩어리 자식들을 한국 땅에 묻으면서도 이 땅을 떠나지 않았다. 그들 역시 죽은 뒤에 여기에 묻혔다. 그런 외국 선교사들의 피와 희생의 대가가 바로 오늘날 현재 우리가 누리고 있는 모든 것들이다.

그들의 순교와 헌신 위에 한국의 발전과 교회의 부흥이 이루어졌다.

참조: 《한국 선교 이야기》(조지 톰슨 브라운)

　　　《현대 의료 선교학》(미래사)

　　　《의료 선교학》(전우택)

　　　《그리스도를 나눈 의료 선교사》(차신정)

　　　《조선 초기 선교 이야기》(월리암 뉴튼 블레어)

　　　《교회사》(김희보)

3부

아버지가 자녀들에게
가르치고 싶은 것들

아버지가 자녀들에게
가르치고 싶은 것들

"예수께서 돌이켜 그들을 향하여 이르시되 예루살렘의 딸들아 나를 위하여 울지 말고 너희와 너희 자녀를 위하여 울라"(누가복음 23:28)

친구 의사 중에 경비행기 조종사가 있다. 만능 스포츠맨인데 거의 모든 종류의 스포츠를 잘 한다. 스포츠카도 잘 몰아서 한참은 스포츠카에 빠져 있다가 경비행기로 취미가 옮겨가서 결국 비행 면허를 따고 한동안 비행기를 몰러 다녔다.

지방에 땅을 사서 비행기 격납고와 작은 활주로까지 만들어서 소유하고 있다. 그 친구는 자기 아들에게 자기가 배운 모든 것을 가르치고 싶어할 것이다.

군대에서 공수 부대 낙하 훈련을 배운 뒤, 그게 취미가 되어 전국의 여러 산에 행글라이더를 타기 위해 주말마다 산에 오르는 친구도 있다. 아마 자기 아들과도 함께 스포츠를 즐기고 싶어할 것이다.

부모들은 아이가 태어나면 뭔가를 열심히 가르치려고 한다. 하나 님이 주신 본능이다. 생후 몇 개월만 되면 걷기를 배우기 전에 보행 기를 사 주고 방안에서 타고 돌아다니도록 한다.

몽골에서는 보행기 대신 아빠가 말을 태워서 몽골 아이들은 걷기 도 전에 말 타는 연습을 한다. 그래서 몽골의 유치원생, 초등학생들 은 어른들 못지않게 말을 잘 탄다. 징기스칸의 후예임을 잊지 않고 자랑스러운 전통을 이어나간다.

사우디나 두바이 같은 아랍에서는 어린이들에게 낙타 타는 법을 가르친다. 나라마다 다르지만 모든 나라 모든 부모 특히 아버지들 은 자기 자식에게 빨리 자기가 좋아하는 것들을 가르치고 싶어서 안달을 낸다. 우리나라 아버지들은 첫돌을 지나 걷기 시작하면 세 발자전거를 사주고, 그림책을 사주고, 요즘은 원어민 어린이집에 보내 영어를 한글보다 먼저 배우도록 하는 경우도 있다.

유치원생만 되어도 배워야 할 것들이 너무 많다. 부모가 가르치 고 싶은 것들이 너무 많다는 것이다. 과거엔 전자 게임, 인터넷 게 임을 가르쳤는데 요즘은 두세 살만 되어도 스마트폰 사용법을 다 배운다. 초등학생이 되면 보통 남자들은 아이들을 민물낚시와 바다

낚시에 데리고 다닌다. 축구, 배구, 농구, 수영, 자전거 타기, 롤러스케이트, 스키 같은 스포츠를 가르친다. 일부러 높은 산에 등산을 데리고 가기도 한다.

청소년이 되면 더 고급 스포츠인 테니스, 사이클 같은 것을 가르치기도 한다. 보트 노 젓기, 모터보트 운전, 수상스키, 오토바이까지도 가르치는 부모들이 있다. 욕심 많은 젊은 아버지들은 아들을 강하게 키우고, 자기가 좋아하는 사냥에 데리고 다니기 위해 사냥총 쏘는 법을 가르치며 꿩과 비둘기, 토끼, 멧돼지 사냥하는 법을 가르친다.

대학생이 되면 차 운전하는 것을 필수로 가르친다. 그리고 운전을 혼자 잘하게 되면 이제 더 이상 가르칠 것이 없게 된다.
아들도 더 이상은 아버지에게 배우려고 하지 않는다. 혼자 스스로 좋아하는 것은 배울 수 있는 성인이 되었으니까.

사람뿐만 아니라 동물들도 자기 새끼들에게 사냥하는 법을 가르친다. 사자나 호랑이 같은 맹수뿐만 아니라, 독수리 같은 새들도 자기 새끼들이 잘 날면서 먹이를 잘 잡아 생존할 수 있도록 생존 기술을 가르친다. 모두가 하나님이 주신 부모의 본능에 충실하려고 한다.

그럼 하나님을 우리에게 무엇을 가르치고 싶었을까?

하나님은 인간을 만드시고 심히 좋아하셨다. 인간에게 복을 주시며 생육하고 번성하여 세상의 모든 샘물을 다스리라고 하셨다.(창 1:28) 하나님은 자신의 형상을 따라 지음 받은 사람들이 행복하게 살기를 원하셨다. 창조주 하나님과 피조물 인간과의 관계, 부모와 자식 간의 관계, 이웃과 이웃 간의 인간관계, 인간과 자연과의 관계에 대해 가르치고 싶어하셨다.

그래서 모세를 통해 십계명을 주셨다. 십계명은 단지 인간을 구속하는 율법이 아니라 아버지가 자녀에게 가르치고 싶은 부모의 마음이었다. 그러나 이기적인 이스라엘 백성들은 하나님의 계명을 무시하고 우상에 빠져들었다.

세상에서 똑같은 말을 제일 많이 하는 사람은 누구일까?

부모들은 자녀가 잘 배우고, 건강하게 잘 성장하기를 바라는 마음에 끊임없이 똑같은 잔소리를 한다.

성경에는 똑같은 하나님의 명령의 말씀이 끊임없이 반복되어 있다. 우상을 만들지 말고 우상 숭배하지 말라는 말은 수백 번도 넘게 나온다. 가난한 자, 고아, 과부, 이방인, 억울하고 약한 자, 궁핍한 자를 학대하지 말고 도와주라는 말도 수백 번 나온다. 반면 하나님을 기뻐하고 즐거워하라는 말도 수백 번 이상 나온다. 염려하지 말고 걱정, 근심, 두려워하지 말라는 말도 수백 번 이상 나온다. 신약성경에는 고난 가운데 믿음을 지키고 변절하지 말며 끝까지 믿음으로 승리하라는 말이 계속 반복된다.

어느 날 바리새인 한 율법사가 예수를 시험하여 질문했다.

마태복음 22장 36절을 보면 "선생님 율법 중에서 어느 계명이 크나이까?" 하니, "예수님께서 이르시되 네 마음을 다하고 목숨을 다하고 뜻을 다하여 주 너의 하나님을 사랑하라 하셨으니, 이것이 크고 첫째 되는 계명이요 둘째도 그와 같으니 네 이웃을 네 자신과 같이 사랑하라 하셨으니, 이 두 계명이 온 율법과 선지자의 강령이니라."(마22:37-40)라는 말씀으로 대답하셨다.

사도 요한은 요한일서 4장 8절에 "사랑하지 아니하는 자는 하나님을 알지 못하나니 이는 하나님은 사랑이심이라"라며 성도의 특징을 사랑이라고 한마디로 요약한다.

사도 바울은 고린도전서 13장에 사랑의 특징들을 이야기한다. 그리고 그것들을 축약해서 믿음, 소망, 사랑으로 표현한다. 고린도전서 13장 13절은 세 단어를 다시 "그런즉 믿음, 소망, 사랑 이 세 가지는 항상 있을 것인데 그중의 제일은 사랑이라"라고 한다. 예수님

성품의 모든 것을 사랑 한 단어로 압축하여 말한다. 믿음과 소망과 사랑은 사실 사랑이라는 한 언어의 다른 표현이다. 믿음이 있다는 것은 그 사람 안에 성령이 계시다는 증거이다. 성령은 바로 사랑이신 예수님의 인격 자체이다. 소망은 천국의 다른 표현이다. 예수님을 사랑하는 믿음이 있는 자만이 예수님이 계신 천국을 소망한다.

마음을 다하고 목숨을 다하고 뜻을 다하여 예수님이 계신 천국을 소망한다는 것은 그 사람이 믿음 안에 있다는 확실한 증거가 된다.

사도 바울은 로마서 1장에서 11장까지 믿음이 무엇인지, 우리가 무엇을 믿는 것에 대해, 기독교 교리를 설명한다. 예수님이 왜 우리와 나의 구주가 되시는 것인지에 대해 명쾌하게 설명하고 있다. 그 다음 12장부터는 믿는 자는 이제부터 어떻게 살아야 하는지에 대해 세세하게 설명한다. 그중 12장 9절에 "사랑에는 거짓이 없나니 악을 미워하고 선에 속하라"라고 사랑의 특징에 대해 설명한다.

예수님을 믿고 거듭난 자에게는 거듭난 자의 특징이 있다.

예수님께서 우리에게 반복하고 또 반복해서 하시는 바로 그 말씀이, 부모가 자녀에게 가르치고 싶은 것들이다.

먼저 예수님의 사랑으로 의지적인 사랑을 실천하는 법을 배워야 한다. 사람의 감정은 수시로 변한다. 인간 양심의 온도는 수시로 변한다. 거듭난 자로서 예수님의 의지적인 사람을 배우게 되면, 우리는 예수님의 사랑에 기뻐하며 감동, 감격하게 된다. 예수님은 용서받을 자격이 없는 자를 사랑하셨다. 복을 받을 자격이 없는 나를 의지적으로 사랑하셨고, 그 사랑은 변하지 않는 영원한 사랑이다.

예수님의 사랑이 내 안에 있다면 우리도 눈에 보이는 감정대로가 아니라, 말씀대로 거짓 없이 동기의 변질 없이 계속 밀고 나가는 사랑을 하여야 한다. 거듭나서 예수님을 사랑하는 사람은 악을 미워한다. 나의 죄 때문에 예수님이 십자가를 지셨는데, 예수님을 사랑하면서 악을 동시에 사랑할 수는 없다.

형제 사랑도 주님을 사랑하는 것처럼, 주께서 나를 사랑하는 것처럼 하여야 한다.

둘째, 남을 존경하되 남의 장점을 봐야 한다. 내 자신처럼 상대방을 높여야 한다. 상대가 아프면 내가 같이 아픈 것이다.

셋째, 주 안에서 열심을 가지고 부지런해야 한다. 목표를 향해 달음질하되 쓸데없는 데 눈을 돌리지 말아야 한다. 딴눈 팔면 넘어진다. 넷째, 기회가 있을 때마다 주님과 교회를 섬기는 봉사를 해야한다. 그것이 주님을 기쁘게 한다. 다섯째, 사람의 영혼, 즉 생명을 소중히 여겨야 한다. 마태복음 8장 8절에 로마의 백부장은 자기 하인이 병에 걸려 죽게 되었을 때 예수님께 간청했다. 그 시대에 종은 죽어도 아깝지 않은 물건 같은 존재였지만 예수님께 살려달라고 간구하는 장면이 나온다. 예수님은 백부장의 믿음을 칭찬하고 하인의 병을 낫게 하신다. 바로 생명을 소중히 여기는 그의 마음을 보셨기 때문이다.

여섯째, 과거에 연연하지 말고 천국을 소망해야 한다. 우리는 과거를 회상하며 아름다운 추억이라고 하고, 현재는 고통이라고 하며 미래를 암담하게 보는 습성이 있다. 성도들의 과거는 죄로 얼룩진 과거이다. 현재는 예수님과 동행하는 기쁨, 미래는 천국을 기대하며 소망하는 즐거움으로 살아야 한다.

일곱째, 기도에 열심을 내야 한다. 성도의 특권인 기도에 항상 힘쓰면서, 날마다 새 힘을 얻고 영적 능력을 받아 세상을 믿음으로 이기도록 해야 한다. 언제든지 구하고 찾고 문을 두드리는 자가 되어야 한다.

여덟째, 남을 긍휼히 여기는 자가 되어야 한다. 내 안에 주의 사랑이 있으면 남을 긍휼히 여기게 된다. 예수님의 사랑을 품은 자는 인색할 수가 없다. 초대 교회 오순절 성령 충만했을 때 모든 교인들은 서로를 돌보았다. 아홉째, 남을 돕는 습관을 길러야 한다. 성도는 남을 도울 때 큰손으로 통 크게 도와야 한다. 주변을 돌아보아

남을 접대할 줄 알아야 한다. 성령이 그 사람 안에 계시면 믿는 성도들을 돌보지 않을 수가 없게 된다. 열 번째, 항상 심령이 교만해지지 않고, 심령이 가난한 자가 되도록 끊임없이 예수님의 겸손을 배워야 한다.

이것들이 거듭난 자들의 특징이다.

예수님은 부모가 자녀에게 계속 배워야 할 것을 강조하고 강조해서, 반복하고 반복해서 가르치는 것처럼, 지금도 우리에게 사랑의 실천을 가르치길 원하신다.

"네가 보거니와 믿음이 그의 행함과 함께 일하고 행함으로 믿음이 온전하게 되었느니라."(야고보서 2:22)

존경하면
저절로 닮아가는 것들

"그러므로 내가 너희에게 권하노니 너희는 나를 본받는 자가 되라"(고린도전서 4:16)

의사들이 병원 내에서 생활하는 공간을 의국이라고 한다.

의국은 의사들이 대기하고 세미나 하는 공간뿐 아니라 전공하는 의사들의 모임을 전공과별로 외과 의국, 내과 의국 이런 이름으로 부른다.

여기에서 제일 높은 분은 주임 교수(주임 과장)이다. 같은 과 내에서는 왕과 같은 위치이다. 주임 과장 본인 스스로도 자기 의국 내에서는 왕이라고 생각하고 자부심이 대단하다. 아랫사람들도 모두 주임 과장님을 왕으로 모신다. 별로 예외는 없다.

의사 사회는 현재도 중세의 도제 사회와 별반 다르지 않기 때문에 어쩔 수 없이 당연한 일이기도 하다.

의사들은 선배 의사들에게 의술과 의학 지식을 전수받아야만 이 의사가 될 수 있기 때문이다. 독학으로는 불가능하고 법적으로도 국가자격증을 취득할 수 없다는 뜻이다. 그래서 제도적으로 후배 의사들은 선배 의사들을 존경할 수밖에 없다.

죽으라면 죽는 시늉까지도 한다. 그렇게 하지 않으면 전문의 자격을 취득할 수가 없다. 그런 결과로 후배 의사들은 자연적으로 선배 의사들을 그대로 본받게 된다.

여기에서 재미있는 현상들이 발생한다. 후배 의사들은 스승으로 모시는 선배 의사들을 그대로 흉내내게 된다.

의학 지식과 의술을 그대로 배우는 것은 당연하다. 거기에다가 말투와 표정, 걸음걸이, 생각하는 방법, 환자들에게 설명하는 방법 등 모든 것을 거의 그대로 따라하게 된다. 바로 그게 도제식 교육의 특징이다.

물론 인간적으로 싫어하는 경우에는 일부러 따라하지 않는 경우도 있다. 하지만 아들이 아버지를 보고, 자기도 모르게 아버지의 모든 것을 닮아 가는 것처럼 묘하게도 닮아간다. 어쩔 때는 닮은 모습을 보는 게 재미있기도 하다.

사도 바울은 로마서 15장 5절과 고전 4장 16절, 고전 11장 1절, 빌

3장 17절에서 "내가 그리스도를 본받는 자가 된 것 같이 너희는 나를 본받는 자가 되라"라고 반복적으로 강하게 권면한다. 본받는 것은 말로만 자기 말을 본받으라고 하는 것이 아니다.

자기 삶을 보여 주면서 내가 사는 것처럼 너희도 나의 사는 모습, 나의 행동을 직접 눈으로 보고 그대로 따라서 하라는 것이다. 바로 군대 훈련소에서 교관과 조교들은 병사들에게 먼저 시범을 보여주고 그대로 따라서 하라고 가르치는 것이 그대로 본받으라고 하는 말과 같은 것이다.

사도 바울은 그리스도 예수를 직접 만난 사도이다. 12 제자들처럼 오랫동안 같이 생활하지 않았지만 예수님의 삶과 말씀들을 그대로 본받고 실천했다. 예수님을 만난 뒤 안디옥 교회에서 선교사로 파송되기 전 14년 동안 다메섹과 아라비아광야와 수리아와 길리기아와 다소에서 복음과 예수님에 대해 깊이 연구하고 계속 복음을 전했다.

사도 바울은 갈라디아서 6장 17절에서 예수님을 너무 사랑하고 그대로 닮고자 한 결과 "내가 내 몸에 예수의 흔적을 지니고 있노라"라고 담대히 말한다.

고린도전서 9장 22절에서는 "약한 자에게는 내가 약한 자와 같이 된 것은 약한 자들을 얻고자 함이요 내가 여러 사람에게 여러 모습이 된 것은 아무쪼록 몇 사람이라도 구원하고자 함이니"라고 말한다.

사도 바울의 이 말은 바울의 몸에 예수님 같이, 손발의 못자국 같은 육체의 흉터가 생겨서 그것을 알려 주는 것일 수도 있다. 하지만 또 성령께서 사도바울 안에 계심으로 말미암아 일생 동안 이방인에게 복음을 전하면서, 예수님이 제자들의 발을 씻어준 것처럼 (요13:12), 이방인들을 한 명이라도 더 구하기 위해 희생한 것을 말하고 있다. 남을 섬기는 삶을 살아왔음을 담담히 표현한 것의 의미도 있다고 보아야 한다. 사도 바울은 믿음의 선배로서 믿음의 후배에게 먼저 모범을 보이고 너희도 이같이 나처럼 똑같이 살아가라고 말하고 있는 것이다.

거듭났다는 것은 예수님을 인격적으로 만났다는 것을 의미한다. 예수님을 인격적으로 만난 사람은 인격적이신 성령께서 그 사람 안에 내주하게 된다. 예수님의 성령이 내주하는 사람은 예수님의 인격을 자연스럽게 드러내게 된다. 성령이 내주하는 사람에게는 반드시 드러나는 특징, 감추고 싶어도 감출 수 없는 특징이 있다.

첫째로 진리의 성령께서 감동 감화시켜 주심으로 말미암아, 성경 말씀이 액면 그대로 믿어진다. 둘째로 선교사와 전도자의 희생과 수고로 복음이 나에게까지 전해진 것을 깨닫게 된다. 복음에 빚진 자임을 알고, 복음을 전하는데 관심을 갖게 된다. 셋째로 성령의 역사로 예수님에 대해 더욱 알고 싶어진다. 교회 예배 참석에 대한 기대와 열망이 생기며, 같은 믿음의 성도들과의 교제를 기뻐하고 즐거워하게 된다. 모두 한 성령을 받았기 때문에 자연스럽게 그렇게 된다.

넷째로 사도 바울이 "내가 죄인 중에 괴수니라(딤전1:15)"라고 고백한 것처럼 성령께서 우리 양심에 밝은 빛을 비춰 주심으로 누구든지, "내가 악질 죄인이구나." 하고 깨닫게 된다.

자신이 악질이 아니라고 생각한다면 심각하게 고민해 봐야 한다. 다섯째, 예수님처럼, 사도 바울처럼 남의 유익을 구하게 된다. 성령께서 양심의 찔림을 주심으로 더 이상 나만을 위해 살기 어렵다. 여섯째 교회의 덕을 구하게 된다(롬15:2). 교회는 그리스도의 몸이며 예수님은 교회의 머리가 되신다.(골1:18) 인격적인 성령이 계신 사람은 스스로 몸을 해치며 머리를 상하게 하는 자해 행위를 하지 않는다.

일곱째, 성령이 안에 계신 사람은 하나님의 영광에 대해 눈을 뜨게 된다. 자기 인생 만족이 아닌 하나님의 영광을 위해 살게 된다. 여덟째, 성령이 계시면 피차 서로 용납한다. 주께서 나를 용서한 것처럼 나도 남의 잘못을 용서할 수 있게 된다. 나의 인격 때문이 아니라 인격적인 성령님 때문에 가능해진다. 용서하지 못하는 사람은 은혜를 모르는 사람이다.

아홉째, 남들이 나로 인하여 주님께 영광을 돌리도록 하게 된다. 남들이 칭찬할 선한 행동을 하게 된다. 열 번째, 서로 모여서 기도하고 찬양하는 것을 즐거워하며 기뻐하게 된다. 서로 찬양과 기도 가운데 한 아버지를 모신 영가족이라는 동질성을 확인하게 된다. 다만 이런 것들이 한순간에 이루어지지는 않는다는 것을 우리 모두 잘 알고 있다.

아이가 태어나서 성인이 될 때까지 20년이라는 긴 시간이 필요하다. 또 많은 교육과 훈련을 받는 것처럼 믿음의 성장도 평생의 과정 속에 오랜 시간을 거치면서 점차 성숙해지게 된다. 믿은 지 오래되었는데도 성령의 인격이 그 사람 가운데 나타나지 않는다면 영적 장애가 있는 사람이다. 그 사람의 믿음과 영혼이 병들어 있는 병든 믿음임을 짐작할 수 있다.

나는 마라톤 42㎞ 풀코스를 40번이나 완주했지만, 한 번도 혼자 훈련하면서 42㎞를 넘게 가 본 적이 없다. 그 이유는 혼자서는 멀리 갈 수 없었기 때문이다. 내가 혼자 가장 멀리 뛰어간 거리는 30㎞ 딱 한 번이었다.

혼자는 불가능한 일이 마라톤 대회에 나가면 가능해진다.

마라톤 대회에 출전한 참가자들 중 체력 강한 빠른 주자는 앞서 빨리 간다. 그리고 체력이 저질인 약한 사람들은 대부분 점차 뒤로 쳐진다. 다들 느릿하게 천천히 갈 때, 저질 체력들끼리는 서로 모르지만, 서로가 서로에게 위로 자가 된다.

저기 뒤처진 저 사람들도 포기 안 하는데 내가 포기할 수 없지 하면서 간다. 끝까지 천천히 가다 보면 언젠가는 반드시 결승선 라인에 다다르게 된다.

"사랑하는 자여 악한 것을 본받지 말고 선한 것을 본 받으라"(요한3서 1:11)

영원한 것과
안개처럼 사라지는 것들

"내일 일을 너희가 알지 못하는도다 너희 생명이 무엇이냐 너희는 잠깐 보이다가 없어지는 안개니라, 17절, 그러므로 사람이 선을 행할 줄 알고도 행하지 아니하면 죄니라."(야고보서 4:14,17)

나이가 들어가면서 누구나 공통적으로 느끼는 것들이 여러 가지 있다. 그중 한 가지는 죽음이 늘 가까이 다가와 있다는 것이다. 의과대학 졸업 동기 중 벌써 몇 명이 암으로 세상을 떠났다. 나와 친한 동갑내기 의사 친구와 의사 선배와 후배들 중에 지난 2-3년간 암과 심장병, 간질환으로 세상을 떠난 분들이 10여 명이 훨씬 넘는다.

같이 스터디 룸과 호텔방에서 의사 시험과 전문의 시험 준비를 하며 추억을 쌓았던 친구만 해도 벌써 여러 명이 세상을 등졌으니, 의사들의 평균 수명이 더 짧고, 그 이유는 환자들로 인한 스트레스일 수도 있겠다. 연배 높은 분들께는 미안하지만, 뒤를 돌아보면 젊은 시절에 중요하다고 생각했던 것들이 이제는 아무 의미가 없는 것들이 너무 많다.

청소년과 혈기가 넘치던 때와, 중년으로 접어들며 그때그때의 나이와 사정, 중년의 나이에 중요하다고 생각했던 많은 것들이 있었다. 어느 날 갑자기 날아온 친구의 부고 앞에서 나는 지금까지 무엇을 위해 정신없이 달려왔는지 돌아보게 된다.

청소년 시절에는 들어가고 싶은 대학교가 너무 중요했다. 대학 때에는 좋은 성적으로 졸업해서 원하는 과를 지원해야 한다는 강박 관념이 있었다. 인턴 시험과 의사 시험과 전문의 시험을 앞두고는 떨어지면 안 된다는 생각에 스트레스를 받았다.

결혼 후에는 자녀들을 하나님의 말씀으로 길러야 된다는 강박 관념에 매달렸다. 개인 의원을 개원한 뒤에는 개원의로서 최선을 다해 성실하려고 노력했다. 환자들에게 인정받기를 원했다.

의사로서 내 자리를 지키기 위해 재산을 모으고 집을 사고 자녀들에게 물려줄 유산을 남기기 위해서, 여러 가지 것들을 뒤로 미루며 시간을 보냈다. 마음속으로만 아쉬워하면서, 다람쥐 쳇바퀴 돌리는 것처럼 그 수많은 시간들을 흘려보냈다.

다행인 것은 개인적인 소원들은 포기했지만, 하나님께 약속을 어긴 자의 책망을 받고 싶지는 않았다. 하나님을 두려워하면서 내가 할 수 있는 최소한의 약속을 지키려고 노력했다.

오랫동안 농어촌 이동 진료를 적지 않게 많이 다닐 수 있었다. 더불어 적지 않게 많은 해외 선교들을 다닐 수 있었다.

나의 만족을 위한 해외 여행과 가족들과의 화려한 여행들은 많이 포기했지만, 해외 선교를 다니면서 잠깐씩 다른 나라의 문화를 경험하고 자연환경들을 보는 것으로 자족하며 지내왔다.

대략 몇 년 전부터는 날마다 다짐하는 것이 있다.

하나님이 "언제든 불시에 나를 부르더라도 미련을 갖지 말고 기쁘게 떠나자"라는 다짐이다. 암에 걸려 악성이나 말기 암으로 진단되더라도 불평하지 않기로 작정했다. 교통사고를 당해 장애인이 되어도 말이다. 죽음을 앞두게 되더라도 불평이나 원망을 하지 않기로 결심했다. 세상에서 장수하면서 주님의 의와 하나님의 나라를 위해 여호수아 갈렙처럼 오랜 기간 동안 충성할 수 있다면 좋은 것이다. 그것은 분명 하나님이 주신 장수의 복이요, 감사할 일이다.

이 세상에 100살까지 건강하게 오래 살면서도 오직 자신과 자기

가족의 행복과 만족만을 추구해 온 인생이 있을 수 있다. 그것으로 본인은 추억하며 만족할 수 있을지 모르겠으나, 결코 하나님 앞에 서는 아닐 것이다. 피라미드를 건축한 왕처럼, 자신의 왕국을 건설한 사람도 있을 것이다. 그런 그도 하나님의 준엄한 심판대 앞에 서게 될 때에는 무릎에 힘이 빠지게 될 것이다. 이사야처럼 "화로다 나는 망하게 되었도다 저는 죄인입니다."라고 고백하게 될 것이다.

스데반처럼 짧게 살았으나 주의 나라와 영광을 위해 자신을 불태운 사람은 "보라 하늘이 열리고 인자가 하나님 우편에 서신 것을 보노라. 주 예수여 내 영혼을 받으시옵소서." 하면서 기쁘게 하늘나라로 갈 것이다.

지금은 누구도 알 수 없으나 우리는 영원한 것, 가장 중요한 일을 선택했고, 그 일들을 잘 준비하기 위해 기도하고 있다. 이 일을 위해 우리가 포기한 것들이 있다면, 지금은 아쉽게 느껴질 수도 있다. 그러나 얼마의 시간이 지난 뒤에는 기억조차 나지 않을 것들이 될 것이다.

우리가 중요하다고 생각하는 그 어떤 일들도, 나와 내 가족만을 위한 것이라면, 몇십 년이 채 지나지 않아 아침 안개처럼 사라져 인생에서 거의 의미를 찾을 수 없게 될 것이다.

내일과 내년, 5년 뒤, 10년 뒤 일은 아무도 알 수 없다.

지금 오늘 여기서 주를 위해, 주의 나라와 영광을 위해 봉사할 수 있다면, 현재는 그 의미를 알 수 없다 하여도, 우리는 최상의 선택, 최선의 결정을 한 것이다. 그동안 교회에서 우리와 같이 봉사했던 젊은 분들 중에도 벌써 여러 명이 하나님 부르심을 받았다. 그분들이 천국에 가기 전 같이 사역했던 그 추억들이 천국에서 영원히 훈장처럼 그분들의 가슴에 남아 있을 것이다.

하나님의 생명책에 기록된 스데반의 기록처럼, 그분들의 사역 기록이 남아 있을 것이라 생각하면 아쉬운 중에도 위로가 된다.

"지혜 있는 자는 궁창의 빛과 같이 빛날 것이요 많은 사람을 옳은 데로 돌아오게 한 자는 별과 같이 영원토록 빛나리라."(다니엘 12:3)

억지로라도
십자가를 지게 하라

"주 안에서 택하심을 입은 루포와 그의 어머니에게 문안하라 그의 어머니는 곧 내 어머니니라"(로마서 16:13)

루포라는 이름이 신약 성경에 두 번 나오는데 빛나는 생명책에 기록된 자랑스러운 이름이다. 또 신약 전체에서 사도 바울이 "그의 어머니는 곧 내 어머니라"라고 표현한 곳은 여기 한 번밖에 없다.

로마서에 나오는 바울의 이 표현은 예수님이 십자가에서 운명 하시기 전 마지막으로 하신 말씀 중에 제자 요한에게 유언으로 하신 말과 같은 의미와 표현으로 다가온다. 요한복음 19장 26-27절에 "예수께서 자기의 어머니와 사랑하는 제자가 곁에 서 있는 것을 보시고 자기 어머니께 말씀하시되 여자여 보소서 아들이니이다 하시고, 또 그 제자에게 이르시되 보라 네 어머니라 하신대 그때부터 그 제자가 자기 집에 모시니라"라고 기록된 것과 비슷하다.

예수님의 친동생들 즉 어머니 마리아에게는 여러 친아들이 있었지만 예수님은 제자 요한을 특별히 사랑하셔서 자기 친모를 부탁하셨다. 그리고 사도 요한은 그 말씀에 순종했다. 바울이 어떤 계기로 루포의 어머니를 내 어머니라고 했는지는 별다른 기록이 없다. 바울이 루포의 아버지 구레네 시몬을 만나게 되었고, 시몬과 그의 부인인 루포의 어머니에게 적지 않은 도움을 받았을 것으로 추측한다.

그들이 예수님의 십자가에 대하여 바울이 궁금했던 것들을 가르쳐 주었을 것이다. 그러면서 시몬의 아들인 루포와 친형제처럼 가까워졌을 것이다.

구레네 시몬에 대해서도 별 기록이 없다. 그는 아프리카 리비아 사람으로, 생계를 위하여 이스라엘로 이주해 온 흑인 이주민이었을 것이다. 그는 예수님을 따르는 제자가 아니었다. 성경은 시골로부터 와서 지나가는 사람이었다고 표현한다.

로마 군인들이 보기에 골격이 크고 튼튼하게 보이는 흑인이 눈에 보이니까 그를 잡아다가 억지로 예수님의 십자가를 지게 하신 것이다.

예수님은 그 전날 밤에 잡혀와, 심문을 당하면서 가죽줄 끝에 쇠가 달려 있는 채찍으로 밤새 온몸을 맞아 피투성이가 되셨다. 음식과 물을 먹지도 못하고 피와 땀을 많이 흘려 온몸이 탈진되셨다. 저혈당이 와서 다음날 처형날인 금요일 아침에는 몸소 십자가를 지고 걷기는커녕, 혼자 몸으로 걷기조차 힘들었을 것이다. 이사야서 53장에서 선지자는 이 일을 미리 예언하였다. "그는 실로 우리의 질고를 지고 우리의 슬픔을 당하였거늘 우리는 생각하기를 그는 징벌을 받아 하나님께 맞으며 고난을 당한다 하였노라. 그가 찔림은 우리의 허물 때문이요 그가 상함은 우리의 죄악 때문이라 그가 징계를 받음으로 우리는 평화를 누리고 그가 채찍에 맞음으로 우리는 나음을 얻었도다."(이사야 53:3-4)라고 말씀하였다.

구레네 사람 시몬은 결코 자발적으로 예수님의 십자가를 지지 않았다. 그의 입장에서는 억울할 법도 하다. 그러나 애매하고 억울하게 로마 군인에 의해 십자가 운반 짐꾼으로 징발된 그 사람이 영광스럽게도 성경과 생명책에 자랑스러운 이름을 남기게 되었다.

나는 예전에 울트라 마라톤과 아이언맨 대회를 나간 적이 있다. 새벽에 출발해서 한 10시간 정도가 지나니 심하게 탈진되고 저혈당이 왔었다. 마지막에는 걸음을 걷기조차도 힘들어 절뚝거리며 발을 질질 끌며 걸어갔던 적이 몇 번 있다. 그래서 예수님의 십자가 길(비아 돌로로사)을 조금은 상상해 볼 수 있었다.

나는 나름대로 주변의 아이들을 위해 기도하면서 그 아이들이 커서 자기 부모들의 직업을 본받기를 바라고 있다. 그 부모의 신앙을 본받아서 믿음의 세대 계승을 하도록 기도하고 있다. 우리가 주의 일을 하면서 사람들의 육체의 질병 치료와 영혼의 구원을 위한 전도와 선교의 일을 하면서, 이런 선교의 일에 관심 없는 사람들을 보면, 종종 권유하곤 한다. 구레네 시몬을 생각하면서 적극적으로 강권할 때도 있다.

구레네 시몬은 억지로 십자가를 지었지만, 그와 그의 부인, 아들들까지도 온 가족이 사도 바울의 존경을 받는 인물이 되었다. 생명책에 이름이 기록되어 사도들과 같은 반열에 오르는 영광스러운 가문을 이루게 되었다. 아이들이 어릴 때부터 성경과 예배와 금식 기도와 선교 활동으로 자녀들을 훈련시켜야 한다.
우리도 이런 영광스러운 믿음의 가문을 이루길 소원한다.

"--- 그들이 그를 억지로 같이 가게 하여 예수의 십자가를 지우고"(마가복음 15:21)

요나처럼 물고기 뱃속에
들어가게 되면 보이는 것들

"여호와께서 이미 큰 물고기를 예비하사 요나를 삼키게 하였으므로 요나가 밤낮 삼일을 물고기 뱃속에 있느니라."(요나서 1:17)

요나처럼 사람이 물고기 뱃속 같은 극도의 실패에 갇혀 죽음을 가까이 앞두게 되면 그때 비로소 보이는 게 있다.

첫째는 자기 인생과 생명의 주인이 자신이 아니고, 하나님 손에 달려 있다는 것을 알게 된다. 즉 하나님의 주권을 깨닫게 된다.(요나서 2:2) 둘째는 동서남북 사방 어디에도 탈출구가 보이지 않게 되면, 비로소 보이는 하늘 문이 있음을 알게 된다.(욥기 42:5) 셋째는 평소에는 보이지도 않고, 들리지도 않고, 만질 수도 없어서 막연하게 알고 있었던 살아 계신 하나님을 요나와 욥이 고백하는 것처럼 실제로 보고 체험하게 된다.

밭농사는 크게 두 가지가 있다. 옥토밭 농사와 돌짝밭 (자갈밭) 농사가 있다. 목회에도 옥토밭 목회, 자갈밭 목회가 있다.

선교에도 옥토밭 선교, 자갈밭 선교가 있다. 남들이 기피하는 나라나, 지역이나, 선교가 어려운 타 민족 사람들을 대상으로 선교를 계획하고 있다면 자갈밭 선교를 준비하고 있다고 할 수 있다.

"그럼 왜 이왕이면 농사짓기 좋고, 씨 뿌리면 잘 자라고, 곡식들도 잘 커서 열매 맺는 옥토밭 선교를 하지 왜 자갈밭 선교인 불교 국가 선교를 하냐?"라고 물어보면 딱히 한 마디로 대답하기가 어렵다.

마태복음 13장에는 예수님이 네 가지 땅에 떨어진 씨 비유 이야기가 나와 있다. 3절에 예수님은 큰 무리에게 "씨 뿌리는 자가 뿌리러 나가서 씨를 뿌릴 새 더러는 길가에 떨어지고, 더러는 흙이 얕은 돌밭에 떨어지고, 더러는 가시떨기 위에 떨어지고 더러는 좋은 땅에 떨어졌다"라고 말씀하셨다.

무리는 떠나가고 제자들만이 남았을 때, 예수님께 나아와 비유로 말씀하신 것을 설명해 달라고 한다. 11절에 예수님은 "천국의 비밀이 너희에게는 허락되었으나 큰 무리인 그들에게는 아니 되었다"라고 말씀한다. 좀 이상하다. 방금 큰 무리들에게 말씀하셨는데 비밀이 그들에게는 허락되지 않았다니? 좀 앞뒤가 안 맞는 것 같다.

예수님은 이사야서 6장 9-10절 말씀을 인용하며 제자들에게 설명하신다. "너희가 듣기는 들어도 깨닫지 못할 것이요, 보기는 보아도 보지 못하리라"라고 말씀하신다. "그러나 너희 눈은 봄으로, 너희 귀는 들음으로 복이 있도다"라고 하신다. "많은 선지자와 의인이 보고 싶어했어도 못 보고, 듣고 싶어했어도 듣지 못했다"라고 하신다.

그러면서 천국 말씀을 듣고 깨닫지 못하면 악한 자가 와서 그 마음에 뿌려진 것을 빼앗는다고 말씀하신다. 길가 마음, 돌밭 마음, 가시 떨기 마음과 좋은 땅 마음이 다 다르다는 것이다.

농사를 짓는 농부가 일부러 씨를 길가나 돌밭이나 가시덤불 속에 뿌리지는 않는다. 농부는 오로지 좋은 밭에, 싹이 날 수 있는 좋은 땅에만 실수하지 않고 익숙하게 씨를 뿌린다.

좋은 땅이 아닌 다른데 아까운 씨앗이 떨어졌다는 것이 상식적으로 뭔가 이상하다.

우리는 좋은 땅에 떨어져 수십 배의 결실을 맺은 것에 대해 당연한 것처럼 생각한다. 사실 그렇다. 하지만 좀 다른 방향으로 생각해 볼 수도 있다.

여기서 씨 뿌리는 농부는 바로 예수님이시다. 그분이 허투루 좋은 땅이 아닌 곳에, 씨를 낭비하면서, 씨를 뿌리는 실수를 하실 분이 아니다. 씨 뿌리기 전문가 농부이신 예수님이, 일부러 길가와 돌밭과 가시떨기 속에 좋은 땅과 마찬가지로 씨를 뿌리신 것이다. 왜 그런가?

우리는 그 이유를 다 모른다. 하지만 예수님은 일부러 씨를 좋은 땅이 아닌 나쁜 땅, 열매를 기대할 수 없는 그런 곳에 의도적으로 씨를 뿌리셨다. 그것은 에스겔서의 말씀을 보면 약간 이해가 된다. 에스겔서 2장 3-5절에서 하나님은 에스겔에게 말씀하신다. "내게 이르시되 인자야 내가 너를 이스라엘 자손 곧 패역한 백성, 나를 배반하는 자들에게 보내노라 그들과 그 조상들이 내게 범죄하여 오늘까지 이르렀나니, 이 자손은 얼굴이 뻔뻔하고 마음이 굳은 자니라 내가 그들에게 보내노니 너는 그들에게 이르기를 주 여호와의 말씀이 이러하시다 하라. 그들은 패역한 족속이라 그들이 듣든지 아니 듣든지 그들 가운데 선지자가 있음을 알지니라."라고 하신다. 하나님은 길가 땅과 돌밭과 가시떨기 속과 같은 이스라엘 백성들에게 일부러 에스겔을 보낸다.

들어도 듣지 못하고 보아도 보지 못하는 바위같이 뻔뻔한 사람들에게 헛수고를 한 것이다.

예레미야 1장 6절을 보면 하나님이 예레미야를 불렀을 때 예레미야는 처음에는 거절한다. "내가 이르되 슬프도소이다 주 여호와여 보소서 나는 아이라 말할 줄을 알지 못하나이다."라고 모세처럼 거절했다. 예레미야는 자기가 패역하여 우상 숭배만 하는 이스라엘 백성에게 무슨 말을 하든 그들이 듣지 않을 것을 이미 알고 있었다. 가고 싶지 않아서 무능한 아이 같은 자임을 핑계로 댄다.

이에 하나님은 7-8절에 "여호와께서 내게 이르시되 너는 아이라 말하지 말고 내가 너를 누구에게 보내든지 너는 가며 내가 네게 무엇을 명령하든지 너는 말할지니라. 너는 그들 때문에 두려워하지 말라 내가 너와 함께 하여 너를 구원하리라 나 여호와의 말이니라."라는 말씀으로 명령하신다.

결국 예레미야는 눈물을 흘리며 순종하였다. 예레미야 평생 동안 길가와 돌밭과 가시떨기 속에 말씀의 씨를 뿌렸다. 그 씨앗들은 결국 말라 버렸던 것이다. 그럼에도 하나님은 예레미야를 통해 일부러 씨앗들을 낭비하신 것이다. 우리는 전도자를 통해 복음을 듣고, 마음으로 믿게 되었다. 예수님을 주님과 그리스도로 고백하고 하나님의 사랑받는 자녀와 백성이 되었다.

지금도 어떤 성도 분들은 이렇게 말하는 사람이 있다. "왜 우리를 싫어하는 나라에 꼭 그렇게 기를 쓰고 가서 선교하고 전도하려고 하냐?"라고 한다. 기독교에 배타적인 나라와 다른 종교(불교, 힌두교, 회교) 국가에 가서 전도를 안 했으면 좋겠다고 말한다.

그러면 130년 전에 우리 조선이라는 나라는 어땠을까?

우리나라 사람들이 처음부터 복음을 환영했는가? 잘 아시다시피 아니다. 1832년 최초로 독일계 유태인 목사인 칼 귀츨라프가 영국 상선을 타고 왔으나 거절당했다. 복음을 전하지 못하고 다시 돌아 갔다. 너무 안타까운 일이었다.

1866년 영국 런던 선교회 소속 로버트 토마스 목사가 미국 상선 제너널셔먼 호를 타고 평양에 왔다. 셔먼 호는 불에 타고 토마스 목사와 선원들은 처형당했다. 조선 정부가 복음을 거부한 것이다. 그 래서 영국 웨일즈의 토마스 목사는 한국 땅에서 최초로 순교한 순 교자가 되었다.

그 뒤로 수많은 선교사들이 와서 순교했다. 그들은 복음 전파를 위해 본인과 가족을 희생시키는 엄청난 대가를 치렀다.

우리나라에 온 선교사들의 희생을 생각하면 죽을 때까지 갚아도 다 값을 수 없다.

"예수를 너희가 보지 못하였으나 사랑하는도다 이제도 보지 못하나 믿고 말할 수 없는 영광스러운 즐거움으로 기뻐하니"(베드로전서 1:8)

구원의 확신은
말씀에 대한 확신에서 나온다

"이때부터 예수께서 비로소 전파하여 이르시되 회개하라 천국이 가까이 왔느니라 하시더라."(마태복음 4:17)

천국의 특징과 특권은 크게 4가지이다.

첫째, 천국에는 하나님이 계시다는 것이다. 그 하나님이 친히 우리의 눈물을 닦아 주신다.(계7:17, 눅16:22)

둘째는 우리를 미워하던 자들이나 우리를 해치려던 자들을 볼 수 없는 곳이다. 우리를 싫어하던 사람이나 보고 싶어하지 않는 자들은 한 사람도 천국에 없다. 오직 우리를 사랑하고 우리를 기뻐하며 함께 하나님을 경배하길 원하는 성도들만 같이 있을 뿐이다.(계21:27)

천국에서는 우리 몸이 현재의 몸이 아닌, 영광의 몸으로 홀연히 변화된다.(빌3:21) 인격까지도 천사처럼 변화된다. 이것을 생각할 때마다 얼마나 좋은지 말로 표현할 수가 없다.

셋째는 더 이상의 고통과 질병과 슬픔, 미움, 시기, 질투, 이별을 보지 않아도 된다. "-- 다시는 사망이 없고 애통하는 것이나 곡하는 것이나 아픈 것이 다시 있지 아니하리니 처음 것들이 다 지나갔음 이러라"(계21:4)라고 성경은 말씀한다.

넷째, 천국은 영원히 행복한 곳이다. 우리는 이 땅에서 너무 행복할 때 고백한다. 지금의 이 행복이 영원하면 좋겠다고. 천국은 바로 그보다 백 배, 천 배의 행복이 영원히 계속되는 곳이다.(계22:5)

반면 지옥의 특징은 천국과 정확하게 그 반대이다.

첫째, 지옥에는 하나님이 안 계신다. 더 이상 하나님의 이름을 부를 수 없다. 하나님을 불러도 기도가 응답되 않는 곳이다.(눅16:26) 둘째는 우리의 원수들과 미운 사람들, 우리를 해치고 속이고 죽이려는 악당들과 마귀들과 그 사자들만 존재하는 곳이다.(마25:41) 셋째는 지옥은 영원히 눈물 흘리며 후회하는 곳이다. 고통 받고, 애통해하며 이를 갈아야 하는, 더 이상의 행복은 없는 곳이다.(눅16:25) 넷째는 그 고통의 끝이 없다. 고독과 공포의 무한한 형벌이 영원히 계속된다는 것이다. 소망과 희망이란 단어가 없는 곳이기 때문이다. (눅16:24, 계20:10)

성경에서 천국이란 단어를 처음 쓰신 분은 예수님이시다. 구약의 음부나 스올이란 표현 대신 구체적 형벌의 장소를 말하셨다. 지옥 형벌이란 용어를 말씀하신 분도 예수님이시다. 천국과 지옥을 만드신 분이 바로 삼위일체 하나님이시기 때문이다. 예수님이 공생애를 시작하시면서 처음 하신 말씀이 "회개하라 천국이 가까이 왔느니라."라는 것이었다. 천국이 이 땅에서 너희에게 구체적으로 가까이 왔다는 것을 선포하셨다.

예수님이 하신 말씀은 그냥 한 귀로 듣고 한 귀로 흘려도 되는 단순한 권고가 아니다. 너희가 회개하지 않으면 너희 앞에는 지옥의 심판이 기다리고 있다고 경고하신 것이다. 예수님의 첫 설교는 천국에 대한 것이었다. 천국의 여덟 가지 복, 흔히 팔복이라고 부르는 것에 대해 말씀하셨다. 그것은 바로 천국의 특징을 설명한 것이었다. 즉 천국 시민권자들의 특징을 설명한 것이다.(빌3:20)

천국은 예수님이 선포하시는 복음을 듣고, 그 말씀을 믿고 마음으로 영접한 사람들만 갈 수 있다. 예수님을 주님으로 영접하는 자가 바로 심령이 가난한 자라고 말씀한다. 그리고 그 복음에 순종하여 애통해하는 자요, 온유한 자요, 의에 주리고 목마른 자요, 긍휼히 여기는 자요, 마음이 청결한 자요, 화평케 하는 자요, 의를 위하여 박해를 받는 자들이 천국의 주인이라는 것이다. 이는 모두 예수님의 성품을 나타내는 말이다.

천국은 예수님 닮은 사람들이 들어간다. 그뿐 아니라 천국에 들어간 사람은 모두 영광스럽고 신비롭게 예수님의 성품으로 영적 변화 된다. 천국의 주인공이요 상속자가 되는 것이다. 다른 말로 표현하면 예수님의 성품으로 변화되지 못한 자는 천국에 단 한 명도 없다는 것이다. '그럼 천국의 입성 조건이 예수님과 똑같은 성인들만 들어가는 곳인가?' 하는 의문이 들 수도 있겠다.

이에 대해 성경은 로마서 10장 9-10절에 명확하게 설명한다. "네가 만일 네 입으로 예수를 주로 시인하며 또 하나님께서 그를 죽은 자 가운데서 살리신 것을 네 마음에 믿으면 구원을 받으리라. 사람이 마음으로 믿어 의에 이르고 입으로 시인하여 구원에 이르느니라."라고 말씀한다.

요한복음 3장 16절 말씀은 "하나님이 세상을 이처럼 사랑하사 독생자를 주셨으니 이는 그를 믿는 자마다 멸망하지 않고 영생을 얻게 하려 하심이라."라고 하시며 예수님을 믿기만 하면 지옥의 멸망을 벗어나 천국의 영생을 얻는다고 말씀한다.

요한복음의 이 말씀은 누가 하신 것인가? 바로 천국의 창조주이자 천국의 주인이요, 천국 열쇠를 가지고 계신 예수님이 직접 하신 말씀이다. 생각하면 생각할수록 너무나 엄청난 말씀이다. 누구이든 관계없이 회개하고 예수님을 주님으로 영접하면 영생을 주시는 것이다. 과거와 현재의 내 모든 죄악과 잘못과 실수투성이를 모두 잊겠다고 하셨다. 너무나 놀라운 사죄의 말씀이다. 다시는 우리의 죄를 꺼내어 기억하지 않으신다고 하셨다. (시103:12)

이렇게 형편없고 모순 덩어리로 가득 찬 인생을, 영광스러운 하나님의 보좌 앞에 설 수 있는 성도의 자격으로 바꿔 주신다고 하셨다. 예수님의 입에서 직접 나온 말씀이 아니라면 의심이 될 만도 하다. 하지만 구원의 확신은 성경 말씀에 대한 확신에서 나온다. 천국의 입성은 나의 본래의 가치가 아니라 예수님의 십자가 대속을 믿는 믿음에 근거한 칭의로서 자격이 생긴 것이다. 지옥에 가야 마땅할 죄인인 우리를 대신해서 십자가에서 대속 제물로 죽으셨다. 그 사실을 믿음으로써 우리는 칭의를 얻게 된 것이다.

이를 알게 하시고, 내가 믿어지도록 하신 분이 바로 보혜사이신 진리의 성령님이시다. (요16:13) 성령이 내 안에 오셔서 하는 중요한 일이 바로 예수님이 주님과 구세주임을 믿어지도록 해 주신 것이다. 성령께서 우리가 그것을 마음으로 믿고 입으로 고백하도록 하신 것이다. 그래서 로마서 8장 16절 말씀에 "성령이 친히 우리의 영과 더불어 우리가 하나님의 자녀인 것을 증언하시나니"라고 말씀하신다.

사울은 예수님을 믿기 전에는 살인자요 박해자였다. 그런 죄인의 괴수인 사울이 구원받은 것이다. 디모데에게 보낸 편지에서 바울은 "그러나 내가 긍휼을 입은 까닭은 예수 그리스도께서 내게 먼저 일체 오래 참으심을 보이사 후에 주를 믿어 영생 얻는 자들에게 본이 되게 하려 하심이라"(딤전1:16)라고 설명한다. 왜 사울 같은 죄인도 구원을 받는가? 바로 사울 같은 살인자 박해자도 예수님을 믿고 고백하면 천국 구원의 문이 활짝 열린다는 것을, 나중에 믿는 우리에게 본을 보여주기 위함이라는 것이다.

이 얼마나 놀라운 일인가! 그래서 제자들과 성도들이 악랄하던 사울의 회심 소식을 듣고도 쉽게 믿지 못한다. 사도행전 9장 21절을 보면 다 놀라서 "이 사람이 예루살렘에서 이 이름을 부르는 사람을 멸하려고 하던 자가 아니냐?"라고 의아해한 것이다. 내가 구원 받을 자격이 없는 죄인이라는 것을 사울 같은 사람만이 깨닫는 것이 아니다.

예수님을 믿기 전에는 전혀 몰랐던 진실, 내가 지옥의 심판을 피할 수 없는 악한 죄인이라는 사실들을 예수님을 믿고 나면 알게 된다. 누구나 어떤 사람이나, 우리 모두 뼈에 사무치도록 실감나게 알게 된다. 바로 인격적이신 성령께서 내 영혼으로 하여금 죄인임을 깨닫게 하셨기 때문이다.

세상에서 가장 용서받지 못할 죄가, 살인죄보다 더 나쁜 죄가 예수 그리스도를 인정하지 않는 것이다. 바로 창조주 하나님을 하나님으로 인정하지 않고, 예수님이 나의 주님이요 구세주라고 인정하지 않는 죄이다.(요일1:10)

즉 성령을 거역하는 죄이다. 성령께서 하시는 일 중, 중요한 일 하나가 우리로 하여금 바로 예수님이 믿어지도록 하는 일이기 때문이다. 예수님은 마태복음 12장 31절과 마가복음 3장 29절에 "누구든지 성령을 모독하는 자는 영원히 사하심을 얻지 못하고 영원한 죄가 되느니라"라고 무서운 말씀을 하신다. 천국에 들어갈 수 없는 죄는 성령을 모독하여 하나님의 뜻을 저버리는 것이다.

예수님은 마태복음 7장 21절에서 "아버지의 뜻대로 행하지 않는 자는 천국에 들어갈 수 없다"라고 하신다. "나더러 주여 주여 하는 자마다 다 천국에 들어갈 것이 아니요 다만 내 아버지의 뜻대로 행하는 자라야 들어가리라"라고 말씀하신다. 성령은 우리 안에 계시면서 우리로 하여금 하나님의 뜻을 행하도록 하신다. 지극히 작은 자 하나를 내 형제라고 칭하시는 예수님께서 우리로 하여금 "작은 자 한 명에게 주릴 때 먹을 것을 주고, 목마를 때 마시게 하고, 나그네를 영접하고, 헐벗었을 때 옷 입히고, 병들었을 때 돌보고, 옥에 갇혔을 때 와서 보는 일"들을 하도록 만드신다.

이런 일들이 성령께서 우리를 통해 하시는 일이기 때문이다.

예수님은 그래서 마태복음25장 45-46절에 염소의 무리들에게 영벌의 저주를 내리신다. "이에 임금이 대답하여 이르시되 내가 진실로 너희에게 이르노니 이 지극히 작은 자 하나이게 하지 아니한 것이 곧 내게 하지 않은 것이니라 하시리니, 그들은 영벌에 의인들은 영생에 들어가리라 하시니라."라고 하신다. 영원히 용서받지 못하고, 지옥에서 영원히 형벌을 받아야 한다는 것이다.

사도 요한은 믿지 않는 사람은 하나님을 거짓말하는 자로 만든다고 말씀하신다. "하나님의 아들을 믿는 자는 자기 안에 증거가 있고 하나님을 믿지 아니하는 자는 하나님을 거짓말하는 자로 만드나니 하나님께서 그 아들에 대하여 증언하신 증거를 믿지 아니하였음이라."(요일5:10)고 말씀하신다.

우리는 단지 예수님을 마음으로 믿었을 뿐인데, 내가 그 끔찍한 지옥에서 구원받았다는 사실이 너무 기쁘지 않은가?

진심을 담은 마음 깊은 감사가 저절로 나오지 않을 수 없다. 천국은 속된 것이나 가증한 일 또는 거짓말하는 자는 결코 그리로 들어가지 못하고 오직 어린양의 생명책에 기록된 자들만 들어가리라고 말씀하신다.(계21:27)

우리는 죽음을 문을 통과할 때 우리의 낮은 몸이 홀연히 영광의 몸으로 변화된다. 바로 창조주 하나님께서 우리를 천국에 합당한 영광의 몸으로 변화시켜 주시는 것이다. 빌립보서에서 사도 바울은 "그는 만물을 자기에게 복종하게 하실 수 있는 자의 역사로 우리의 낮은 몸을 자기 영광의 몸의 형체와 같이 변하게 하시리라"(빌3:21)라고 하신다. 하나님은 우리를 영광의 몸으로 변화시키실 뿐 아니라 우리의 죄악을 깨끗이 씻어 주신다. 우리의 뇌에서 나쁜 기억과 실패, 후회, 눈물 나는 억울한 나쁜 추억들은 영원히 제거될 것이다. 컴퓨터의 삭제나 포맷이 아닌 디가우징(영구 삭제)시켜 주실 것이다.

천국은 하나님과 그 어린양의 보좌가 그 가운데 있고 그의 종들이 성도들이 하나님을 섬기며 하나님의 얼굴을 직접 볼 것이다. 천국에는 우리보다 앞서 예수님을 영접한 셀 수 없는 천천만만의 성도들을 만날 것이다. 천국에서 우리는 허다한, 천천만만의 성도들과 함께 영원히 하나님을 경배하며 평안하며 행복해할 것이다.

한편 분명히 생명책에 이름이 기록되지 않아 그 수많은 천국 성도들의 무리에 합류하지 못할 사람들도 있을 것이다. 우리가 만나는 많은 사람들의 얼굴을 기억하면서, 우리는 살아 있을 때 죽도록 충성해야 할 것이다. 천국에서 꼭 만나고 싶었던 얼굴들을 끝내 찾지 못할 때 우리는 아쉬워할지 모른다. 현재 우리가 주님을 위해 어떤 희생을 한들, 어떤 헌신을 한들 천국과 비교할 수는 없다. 우리는 천국에서 손해 보았다는 생각은 영원히 하지 않을 것이다.

영화 〈쉰들러 리스트〉에서 주인공 쉰들러는 마지막에 고백한다. 1,100명의 유태인을 구했으면서도 "내가 손목시계를 팔았다면 그 돈으로 유대인을 몇 명 더 구했을 텐데." 하고 후회한 것이다.

천국 문 앞에서 더 열심히 충성하고 더 많이 수고하지 못한 것, 더 많이 전도하지 못한 것을 부끄러워할지는 모르겠다. 그럼에도 우리는 천국에서 천천만만의 성도들과 같이 있다는 것만으로 너무 감격스러울 것이다.

"보라 내가 너희에게 비밀을 말하노니 우리가 다 잠잘 것이 아니요 마지막 나팔에 순식간에 홀연히 변화하리니."(고린도전서 15:51)

스포츠에서 배우는 영적 레슨,
'고통이 유익이다'

"육체의 연단은 약간의 유익이 있으나 경건은 범사에 유익하니 금생과 내생에 약속이 있느니라"(디모데전서 4:8)

20년 전 어느 날부터 몸이 한번 피곤해지면, 전처럼 푹 자도 바로 회복이 되지 않는다는 것을 조금씩 느끼게 되었다. 그래서 이대로 가만 있으면 급속히 건강이 나빠지겠다는 생각이 들어서 규칙적인 운동을 하기로 생각했다. 그래서 20여 년 전부터 조깅을 시작하여 날마다 10분-20분씩 조깅을 시작하게 되었다. 그러던 어느 날 의협신문에서 어느 의사의 풀코스 마라톤 완주기를 읽게 되었다. 그 기사를 읽다 보니 나도 한번 따라 해 보고 싶은 욕심이 생겼다.

1년 후에 처음으로 20㎞ 장거리 연습을 하고 난 뒤, 바로 풀코스 마라톤에 도전하려고 했다. 하지만, 약간 무리한 연습 도중 무릎에 통증이 계속 있었다. 더 무리하면 관절 손상이 갈까 봐 아예 1년을 더 충분히 연습하였다. 그 뒤 공식 대회에 나가야겠다고 생각했다.

그리고 1년 동안 동아 마라톤 대회를 목표로 조금씩 연습을 했다. 2002년 3월에 처음으로 서울 동아 마라톤에 출전하였다. 4시간 13분이라는 좋은 기록으로 풀코스를 완주하였다. 완주한 뒤 느껴지는 기분은 표현할 수가 없을 정도로 좋았다.

나는 초등학교, 중학교, 고등학교를 다니면서 학교 운동회 때 한 번도 상을 받아본 적이 없었다. 오직 천천히 달리기만 하는 마라톤에서 완주했으니 그 후 얼마 동안은 날아갈 것 같은 기분이었다.

가히 마라톤은 아무나 할 수 있는, 스포츠라고 생각했다. 하지만 이는 단순한 생각이었다. 그 뒤로 재미를 붙여 여러 대회에 나가서 달리기를 했다. 철인 3종까지도 도전하여 아이언맨 대회와 100㎞ 울트라 마라톤으로 영역을 넓혔다. 그러나 그 상태를 유지하는 것이 만만치가 않았다.

처음 도전을 위해 연습한 것처럼 근력 유지를 하기 위해서는 지속적인 노력과 훈련의 시간이 필요했다. 여러 번 좋은 기록으로 완주하였다 하여도, 몇 달만 쉬면 원위치로 돌아가게 된다는 것을 결국 깨닫게 되었다. 계속해도 항상 장거리는 근육의 고통을 수반하였다.

마라톤 대회에서 중간 지점인 20㎞만 넘어서면 극심한 하지 근육
과 고관절의 통증이 항상 발생하였다. 매번 그러다 보면 나중에는
고통을 친구처럼 당연한 현상으로 생각하게 된다.

때로는 게으름이나 다리 부상으로 말미암아 연습을 게을리할 때
도 있었다. 그러면 곧 근육이 풀려 초기 상태로 돌아가는 기분이었
다. 실제로 연습을 별로 안 한 상태에서 마라톤 대회에 간 적이 있
었다. 2005년 3월 이었는데, 동아 마라톤 대회였다. 그때 너무 힘
들었고 저조한 기록을 남기는 기회가 되었다.

그 당시 너무 힘들어서 중도에 포기하고 싶었다. 기록도 5분 19
초로 그때까지 중 가장 긴 시간이었다. 원인은 당연하게도 연습을
별로 안 하고 과거의 경험만을 믿고 나갔기 때문이었다. 과거 경험
은 현재의 체력과 실력에 아무런 도움이 안 되었다. 연습을 하지 않
으면 근육의 아트로피(쇠퇴)가 와서 달리는 힘을 낼 수 없는 상태가
된다는 것을 분명히 알게 되었다. 장거리를 지속적으로 뛰려면 적
어도 일주일에 세 번 이상은 5㎞ 이상을 달려야만 현상 유지가 된다
는 결론을 내렸다.

지금은 한발 더 나아가 오히려 자발적으로 고통을 즐기는 수준이 되었다. 20㎞ 이상을 넘으면 하지 근육통과 고관절 통증, 무릎 통증, 발목 통증이 항상 나타난다. 그럼 "친구가 찾아왔네! 그래, 같이 가자!" 하면서 오히려 그런 통증을 즐기게 되는 습관이 생기게 된 것이다. 고통에 익숙해졌고, 고통이 자연스러워졌지만 고통은 여전히 고통이다. 멈추면 다시 시작하기가 어렵다는 것을 알기에 유지하려고 노력한다.

그래서 확실히 알게 된 것이 있다. 아마추어든 프로선수든 스포츠 선수들은 육체적 고통에 익숙하다는 것이다. 근육통과 관절통에 익숙하다는 것이다. 익숙해서 자연스럽기까지 하기 때문에 아무도 통증이 괴롭다는 말을 안 한다. 통증을 동반하지 않으면 운동 근육을 유지할 수가 없기 때문이다. 황영조, 이봉주 같은 위대한 선수들은 은퇴하면 대부분, 풀코스 같은 장거리 마라톤을 잘 하지 않는다. 100m를 전속력으로 달리는 단거리 경주처럼 42㎞를 최고 속력으로 달리는 것은 매우 힘들다. 근육통보다 더한 문제는 매번 좋은 기록을 달성할 수 없다는 심적 부담이다.

이유가 분명 있을 것이다. 절대 과거의 기록을 다시 넘어서거나 유지할 수 없기 때문이다. 그래서 아예 출전을 안 하는 것이다. 그와 다르게 아마추어 마라토너들은 언제든지 다시 훈련만 하면 쉽게 회복될 수 있다. 다시 예전의 기록을 달성할 수도 있다. 유지할 수도 있고, 더 넘어설 수도 있는 것이다.

영적인 믿음도 영적 근육과 동일한 원리를 적용할 수 있다. 신앙 생활도 편한 것보다는 육체적 희생이라는 대가를 치루는 영적 생활이 더 유익하다. 영적 성숙 훈련은 반드시 육체적 훈련을 동반하게 되어 있다. 과거에 아무리 교회 봉사를 열심히 하면서 성경 공부와 부지런한 기도 생활을 해서 하나님과 좋은 교제를 나누었다 해도, 지속적으로 유지하지 못하면 믿음의 근육이 쇠퇴한다.

초신자 때 기도할 때마다 응답이 잘 이루어졌다 할지라도 교회 봉사와 섬기는 일을 소홀히 하면 곧 알게 된다. 외형적으로는 멀쩡한 것 같아도 영적으로는 믿음의 아트로피가 반드시 온다. 그에 대한 결과는 대개 몇 개월 내지는 몇 년 이상 지나면서 대체로 느끼게 된다. 그렇게 몇 년을 지내게 되면 대부분 영적인 수렁과 인생의 함정에 빠지게 된다.

마치 연습을 충분히 안 한 마라토너가 근육통과 호흡 곤란으로 얼마 못 가서 중도에 포기해야 하는 것과 같다. 하지만 영적인 믿음의 회복은, 운동처럼 쉽게 이전으로 회복하기가 어렵다.

익숙한 것에서 떠나 다른 색다른 봉사나 사역으로 지경을 넓히는 것은 좋은 일이다. 자신의 더 다양한 은사와 달란트를 새롭게 발견하고 더 멋지게 쓰일 수 있다. 그러나 한 번 교회 봉사나 사역 봉사를 완전히 쉬면 대체로 전처럼 다시 돌아오기 어렵다.

교회 봉사나 생명을 살리는 사역은 고통이라는 희생의 대가를 필요로 하는 일이다. 한번 교회 봉사나 사역에서 손을 떼고 떠나게 되면, 마음이 돌처럼 딱딱하게 굳어지게 된다.

어떤 것이든 영적인 훈련과 고통의 대가를 치러야 한다. 봉사나 사역을 안 하게 되면, 마음의 상태가 화석처럼 변한다.

다시 하나님께 열정을 내고 싶어도, 예전처럼 열심히 하고 싶어도 어렵다. 고통스러운 무던한 노력을 동반하지 않으면 어색하다. 부끄럽고, 자연스럽지 못한 것을 분명히 느낀다.

그래서 과감하게 교회 봉사나 사역 봉사를 오랫동안 쉰 사람들이 자연스럽게 다시 돌아오기 어렵다. 아무렇지도 않은 것처럼 다시 봉사하는 것을 자주 보지 못한다. 그게 예배 봉사든, 국내 사역 봉사든, 해외 선교 봉사든 장기간 오래 중단한 사람들의 가장 큰 단점이다.

어떤 교회 봉사를 하든, 어떤 특별한 사역을 하든 뭐든지 지속적으로 하는 게 좋다. 그래야 믿음의 영적 근육이 쇠퇴하지 않고, 더 멋진 성도의 모습으로 발전할 수 있다.

"이 모든 일에 전심 전력하여 너의 성숙함을 모든 사람에게 나타나게 하라. 네가 네 자신과 가르침을 살펴 이일을 계속하라 이것을 행함으로 네 자신과 네게 듣는 자들을 구원하리라"(디모데전서 4:15-16)

부자와 거지
나사로의 스토리

"내일 일을 너희가 알지 못하는 도다 너희 생명이 무엇이냐 너희는 잠깐 보이다가 없어지는 안개니라"(야고보 4:14)

누가복음 16장 19-31의 한 부자와 거지 나사로의 이야기는 누구나 잘 아는 이야기로 예수님이 직접 하신 이야기이다.

예수님이 제자들과 많은 무리들과 함께 계실 때에 바리세인들과 서기관들이 서로 수군거리며 예수님을 비난했다.

"이 사람이 죄인을 영접하고 음식을 같이 먹는다."라고 예수님을 비난한 것이다. 부자와 나사로의 이야기는, 바리새인들에 대해 잘 아시는 예수님께서 제자들과 바리새인들이 함께 있는 자리에서, 외식하는 바리새인들에게 교훈을 주기 위해 하신 여러 말씀 중의 한 가지이다. 그들은 입으로는 자신들이 율법과 선지자를 철저히 믿는다고 하면서도, 마음속으로는 돈을 좋아하고 죄인들과 이방인들을 무시하였다. 하나님을 제대로 믿지 않는 위선을 드러내기 위해 말씀하신 것이다.

누가복음 16장 15절에서 "예수께서 이르시되 너희는 사람 앞에서 스스로 옳다 하는 자들이나 너희 마음을 하나님께서 아시나니, 사람 중에 높임을 받는 그것은 하나님 앞에 미움을 받는 것이니라."라는 청천벽력 같은 말씀을 하신다.

너희가 모세와 선지자를 믿는다고 하면서도 복음을 배척하고, 나를 믿지 않으며, 너희 중에 있는 약자와 세리와 죄인들을 무시하고 있다. 그들 세리와 죄인들이 마음이 가난하고 갈급한 자들이며 너희보다 천국에 가까이 있는 사람들이라는 교훈을 주기 위한 것이다. 19절에 "한 부자가 있어 자색 옷과 고운 베옷을 입고 날마다 호화롭게 즐기더라." 하고 말씀하신다. "그런데 나사로라 이름하는 한 거지가 있어, 헌데 투성이로 그의 대문 앞에 버려진 채 그 부자의 상에서 떨어지는 것으로 배불리려 하매 심지어 개들이 와서 그 헌데를 핥더라."라고 말씀하고 있다.

여기에는 이해할 수 없는 이상한 점이 여러 가지 있다. 먼저 바로 부자는 이름이 나와 있지 않다. 날마다 호의호식하며 호화롭게 즐기는 것을 보면 대단한 부자요, 지역의 권세 있는 유지임이 분명하다. 현대를 사는 우리 모두가 꿈속에서라도 바라는 부자들의 모습이다. 고대에 부자들은 많은 종들, 식솔들을 데리고 있었다. 직원들을 많이 고용하여 그들과 그 가족들의 생계를 책임지며 잘 살아갈 수 있도록 도와주는 현대의 고용주와 비슷한 점이 있다. 청년 실업이 심각한 사회적 이슈가 되고 있는 지금의 상황에서 부자들이 많은 돈을 은행에 쌓아 두기만 하기보다는, 투자와 큰 회사를 운영하면서 많은 청장년 직원들을 고용하여, 직원들의 생계를 책임져주는 일은 이제 노블리스 오블리제의 하나가 되었다.

현대의 젊은이들도 누군가가 일자리를 제공하고 월급을 주어야만이 정상적인 생활을 할 수 있다. 과거 이천 년 전에는 더군다나 가난한 사람들이 반복되는 전쟁과 기근으로 굶어 죽을 수밖에 없었던 시절이었다. 고대 근동 사회에서 누군가에게 먹을 것과, 입을 것과, 잠잘 수 있는 집이 있다는 것은 곧 기본적인 생존을 할 수 있다는 것을 의미했다. 예수님은 그 시대의 약자와 가난한 자들에 대해서 많이 말씀하셨다. 하지만 로마의 가이사 황제의 지배를 받고 있던 당시 이스라엘의 정치적 상황과 종들을 사고팔며, 일꾼으로 노예를 부리던 그 당시 사회 제도에 대해서는 거의 말씀을 안 하셨다. 그래서 신약 성경 시대의 정치, 사회 제도에 대해서는 언급을 하지 않으려고 한다. 다만 부자들이 많은 사람들을 일꾼으로 일을 시켰지만, 또한 그들과 그들의 가족들을 먹여 살렸다는 점만을 볼 때, 적지 않은 많은 선행들과 의로운 일들을 하지 않았을까 하고 생각해 본다.

부자에 비하여 가난하지만, 나사로(하나님이 소망이요 도움)라는 흔하지만 당당한 이름을 가지고 있었던, 한 거지 나사로에 대해서도 성경은 그의 인생에 대하여 아무런 언급을 하지 않고 있다. 율법과 하나님 나라의 복음에 대해 이야기하시면서 여기 나오는 부자와 나사로의 이야기를 하셨기 때문에 우리는 부자는 모세와 선지자를 입으로는 믿었지만, 마음으로는 믿지 않았던 것 같다고 미루어 짐작해 볼 수 있다.

그는 복음을 믿지 않았기에 죽은 뒤에 지옥에 갔다. 그에 반하여 거지 나사로는 모세와 선지자뿐만 아니라, 복음을 듣고 믿었기에 죽어 천국에 가게 되었다. 예수님이 직접 지옥과 천국에 대해 말씀하셨기 때문에 지옥은 확실히 존재한다. 우리는 로마서 1장 17절의 "오직 의인은 믿음으로 말미암아 살리라"와, 로마서 10장 10절의 "사람이 마음으로 믿어 의에 이르고 입으로 시인하여 구원에 이르느니라."라는 이신칭의의 기본 진리를 믿기 때문에 천국은 의로운 행위와 선행의 공로가 아닌 믿음으로 가는 것을 믿는다. 믿음은 자신의 공로가 아닌 하나님의 은혜요 선물이다. 에베소서 1장 4절은 "하나님께서 창세전에 그리스도 안에서 우리를 택하시고 예수 그리스도로 말미암아 자기의 자녀들이 되게 하셨다"라고 말씀한다. 에베소서 2장 8절에 "너희는 그 은혜에 의하여 믿음으로 말미암아 구원을 받았으니 이것은 너희에게서 난 것이 아니요 하나님의 선물이라"라고 말씀하고 있다. 9절에 "행위에서 난 것이 아니니 이는 누구든지 자랑하지 못하게 함이라"와 10절에 "우리는 그의 만드신 바라 그리스도 예수 안에서 선한 일을 위하여 지으심을 받은 자"라고 말씀하신다.

우리는 내 능력과 노력, 내 손으로 일하여 번 돈을 내 것으로 생각하며 살고 있다. 믿음으로는 하나님의 것이라고 고백하지만, 실제로는 내 것이라고 생각하기에, 남을 돕거나, 기부금을 낼 때 갈등하곤 한다. 고린도전서 4장 7절은 "네게 있는 것 중에 받지 않은 것이 무엇이냐 네가 받았은즉 어찌하여 받지 아니한 것 같이 자랑하느냐" 하고 말씀한다.

부자는 세상에서 모든 사람들이 인정하는 세상의 성공과 권력과 부를 성취하였다. 사람들의 존경과 명예를 가진 자였지만, 지옥에서 잊힌 이름으로 괴로움을 받게 되었다. 영원한 실패자가 되었다. 거지 나사로는 반면에 부자의 상에서 떨어지던 부스러기 음식에 의지해서 살았다. 세상의 불쌍한 실패자였으나, 믿음으로 말미암아 진정한 인생의 성공을 성취한, 영원한 승자가 되었다.

"푯대를 향하여 그리스도 예수 안에서 하나님이 위에서 부르신 부름의 상을 위하여 달려가노라"(빌립보서 3:14)

생명줄(가이드라인) 때문에
파도 속에서 살아난 경험

"네가 물 가운데로 지날 때 내가 함께할 것이라, 강을 건널 때 물이 너를 침몰치 못할 것이며, 네가 불 가운데로 행할 때 타지도 아니할 것이요, 불꽃이 너를 사르지도 못하리니."(이사야 43:2)

꽤 오래전인 어느 해 10월에, 악천후 속에 제주도 성산포 앞바다에서 진행된 아이언맨 대회에 참가했다가 거의 죽을 뻔한 적이 있다. 보통 아이언맨 대회나, 트라이애슬론 대회는 큰 태풍이 오지 않는 한 진행한다. 비가 온다고 해도 미리 정해진 대회를 취소하지 않고 진행하게 된다. 그래서 실제로 가끔 사망 사고가 나는 원인이 되기도 한다.

그때도 대회 당일 계속 큰 비가 오고, 바람도 많이 불었다. 대회를 취소하면 1년 후에나 다시 개최 가능하기 때문에 그냥 계획대로 진행하게 되었다. 그날 아침 수영 코스인 바다를 육지에서 바라볼 때에는 파도가 조금 높을 뿐 할만 해 보였다.

대회 주최 측에서는 이 정도 비와 바람 부는 날씨에는 괜찮다 하고 안이한 생각을 한 것 같았다.

당일 날 아침 참가 선수들 모두가 바쁘게 바닷속으로 수영하러 들어갔다. 나도 용감하게 바닷속으로 뛰어들어가서 수영을 하기 시작했다. 전에도 통영에서 이미 비바람 속에, 철인 삼종경기 바다 수영을 한 경험이 있었다. 그래서 내가 바다 수영에 익숙한 걸로 스스로 착각을 한 것이었다.

그 날 수영 코스는 육지에서 바다 쪽 500m 반환점을 돌아 세 번 왕복하는 3㎞ 코스였다. 원래는 왕복 4바퀴(4㎞)를 수영해야 했다. 그렇지만 안 좋은 날씨 관계로 1㎞를 단축하여 왕복 3바퀴, 즉 3㎞ 수영을 하기로 정해졌기에 별 무리가 없을 것 같이 보였다. 출발해서 반환점 부표까지 수영하며 갈 때는 바람이 육지에서 바다 쪽으로 부는 순풍이었다. 바람과 같은 방향으로 헤엄치니, 숨쉬기에 어려움이 없었다.

그런데 반환점에 다가갈수록 파도가 자꾸 높아지는 것이었다. 문제는 반환점을 돌아 다시 육지 쪽으로 올 때 발생했다.

반환점을 돌아 다시 출발점으로 가려고 고개를 들어 바라보니 파도가 너무 높았다. 갈 방향이 비와 바람과 파도를 정면으로 거슬러서 수영해야 하는 거였다. 내가 올바른 방향으로 가고 있는지 확인하기 위해 고개를 들 때마다 큰 파도가 얼굴을 덮쳤다. 숨쉴 때마다 파도가 얼굴을 정면으로 때렸다.

헤엄칠 방향을 확인하려고 몇 번 고개를 들다 보니 그때마다 파도 때문에 바닷물을 계속 들어 마시게 되었다. 가는 방향을 확인하지 않고 바다 수영을 하다 보면 엉뚱한 쪽으로 간다. 그래서 꼭 방향을 확인해야 했다. 그런 상황에서 얼굴을 들 때마다, 파도 때문에 숨쉴 때마다, 바닷물을 같이 자꾸 들어 마시게 되었다. 뱃속이 답답하고 몸이 무거워져 잠시 정신이 혼미해졌다. 공포심과 함께 심한 불안감이 몰려왔다.

잠시 수영을 멈춘 사이, 내 몸은 파도에 밀려 점점 깊은 바다 쪽으로 떠내려가기 시작했다. 비는 계속 오고, 바람도 계속 세게 불면서 높은 파도가 쳤다. 자꾸 바닷물을 먹어서 몸이 점점 더 무거워졌다.

당시 바람이 육지 쪽에서 바다 쪽으로 불고 있었다. 때문에 육지 쪽 파도는 낮았지만, 바다 쪽은 육지에서 멀어질수록 부는 바람 때문에 파도가 상당히 높게 일었다. 체감으로 느끼기에는 2m 이상 큰 파도 같았다. 몸이 마구 파도에 떠밀렸다. 거기에 당황해서 어쩔 줄 모르는 사이, 갑자기 공포심과 두려움이 확 몰려왔다.

나만 잠시 주춤하는 사이에, 같이 수영하던 다른 참가자 선수들은 이미 다 먼저 가버렸다. 아무도 보이지 않았다.

그날 날씨가 안 좋아 참가자가 수십 명밖에 되지 않았다. 별로 인원이 많지 않은 경기에서, 나 혼자만 맨 끝에 낙오된 것이다. 죽을 것 같은 공포감 속에서 사방을 둘러보아도, 어찌된 일인지 그 당시 나를 구조해 줄 보트나 구조 요원이 보이지 않았다. 끝난 뒤 성산포 트라이애슬론협회 그날 대회 주최자 측에 물어보니, 어이없는 답변을 했다. 참가자가 적은 데다가 이런 날씨에 수영하는 사람은 전부 선수들이기 때문에, 아무 문제없을 거라고 생각했단다. 그래서 구명보트를 따로 준비하지 않았다고 했다.

구조 보트가 옆에 있었으면 당연히 구조 요청을 한 뒤 경기를 포기했을 것이다. 비와 바람과 높은 파도 속에서 잠시 동안 정신이 혼미해지면서 "아 나는 이제 여기서 이렇게, 이대로 죽는구나!" 하는 극심한 공포심에 온몸이 사로잡혔다. "비바람 파도 속에 바다에 빠진 사람이, 이렇게 죽는 것이구나!" 하는 생각뿐이었다. 그렇게 어찌할 바를 몰라 당황하고 있는 사이에, 내 몸은 계속 파도에 밀려 깊은 바다 쪽으로 가고 있었다. 눈을 들어 육지 쪽을 바라보았다. 상당히 멀게 느껴지는 거기에는 같이 간 아내가 나를 보면서 다른 사람들과 같이 서 있었다. 아내가 보는 앞에서 죽을 수도 있다고 생각했다. 아내 눈앞에서 내가 죽으면, 아내는 평생 괴로워할 것이라는 생각이 번뜩 들었다. 그 생각을 하니, 안 되겠다 싶어 어떻게든 살아서 거기를 빠져나가야겠다는 생각이 들었다. 그렇게 한참 동안 어찌해야 할 바를 모르고 그냥 물 위에 떠서 파도에 밀려 흘러가고 있었다.

그때 갑자기 예수님이 바다에서 바람과 바다를 꾸짖어 잠잠케 하신 장면이 떠올랐다. 기도해야겠다는 생각이 들었다.

그러면서 육지 쪽을 향해 고개를 물속에 넣고 마음속으로 기도하면서, 파도를 머리 뒤통수 쪽으로 맞으면서 수영을 다시 하기 시작했다. 얼굴을 물속에 집어넣고 수영하면서 보니 하얀 밧줄이 눈에 들어왔다. 육지에서 반환점 부표까지 물속에 흰색 밧줄을 가이드라인으로 설치해 놓은 것이 보였다. 그 하얀 밧줄은 물속에 쳐져 있어서 물 밖에서는 보이지 않았다.

그 밧줄만을 계속 보면서 수영을 하면, 고개를 들지 않아도 육지 쪽으로 나갈 수 있다는 생각이 들었다. 갑자기 용기가 솟구쳤다. 그때부터 한 번도 물 밖으로 고개를 들어 방향을 확인하지 않았다. 마음속으로 계속 "주 예수 이름으로 명하노니 비야! 멈추어라! 바람아 멈추어라! 파도야 잠잠해져라!" 하고 명령 기도를 하면서 수영을 계속하였다. 마음속으로 "예수 이름으로 바람과 파도가 잠잠해져라!" 라고 기도하는 동안에 이미 악천후 날씨는 상관이 없어졌다. 내 마음속의 무서운 비와 바람과 파도는 잠잠해져 있었다.

한참 그렇게 수영하다 보니 어느덧 육지에 다다랐다. 그 순간 경기를 포기하고 싶었다. 해변가 땅을 발을 밟고 수영을 멈추고 몸을 일으켜 일어났다. 그러자 대회 관계자들은 내 마음 속사정을 모르고, 왜 빨리 다른 사람들을 뒤따라가지 않고 일어서냐고 말하면서 어서 계속 가라고 나를 재촉하였다.

그 순간, 포기 하고 싶었던 마음이 갑자기 사라졌다. 이제 파도를 이기는 방법을 확실히 알았으니, 계속하면 되겠다 싶었다. 다시 바닷속으로 수영하러 들어갔다. 그런 악천후에 왕복 세 바퀴 3㎞ 바다 수영을 완주했다. 그리고 다음 단계인 자전거를 타고 사이클 코스로 이동하였다. 그렇게 그날 하루 온종일 빗속에 계속 자전거를 타고 사이클 코스도 완주하였다. 날이 저물고도 한참을 지나 캄캄하게 어두워진 늦은 밤에, 마지막 마라톤 코스까지도 다 달려서 완주하게 되었다.

하지만 "나는 이제 여기서 이렇게 죽는구나." 하는 그 상황 가운데 공포심을 너무 강렬하게 체험했기 때문에, 그 뒤로도 그때를 생각하면, 그 상황이 마치 어제 경험했던 것처럼 생생하게 느껴진다. 그날 악천후 속에서 온몸으로 저절로 배울 수밖에 없었던 것이 있었다. 그 현장에서 내가 위험에 빠진 것을 알아채고, 나를 구해 줄 수 있었던 사람은 그때 그 자리에 아무도 없었다. 만일 그때 대회 관계자 누군가가 500m 반환점 부표만 설치하고 안이하게 생각해서 밧줄을 가이드라인으로 설치하지 않았더라면 어땠을까? 나는 확실히 거기서 죽었을 것이다. 내가 바닷속에서 그 하얀 가이드라인 밧줄을 발견하지 못했더라도, 역시 거기서 분명 거의 죽었을 것이다.

그렇지만, 단단한 육지 땅으로 인도하는 가이드라인인 생명줄이 나같이 위험에 처한 사람을 위해 바로 거기 있었다.

그리고 누구든지 생명줄인 그 밧줄만 바라보며 앞으로 쉬지 않고 가기만 하면 되었다. 그러면 죽을 수밖에 없는 절박한 상황에서도 살아 나올 수 있다는 것이었다. 지금 우리는 평안한 일상 가운데 전혀 죽음에 대한 두려움을 느끼지 않는다.

우리가 평안하다 하는 날마다의 평범한 일상 가운데, 어느 누군가는 하늘이 캄캄한 극심한 절망 속에 있을 수도 있다. 누군가는 절실하게 자신을 인도해 줄 생명줄을 찾고 있는 사람들이 있을 것이다. 어떤 사람이 기본적으로 준비해서 설치해 놓은 생명 밧줄이 생명을 살릴 수 있다. 죽을 수도 있었던 나 같은 한 사람이 살아난 것이다.

보통 휴가를 이용하여 가는 의료 선교가 얼마나 의미와 가치를 품고 있는지 잘 모르는 어떤 사람에게는, 이런 정당한 이유가 있을 수도 있다. "평소에도 스트레스 때문에 환자 보는 것이 지겹고 힘든데, 일 년에 한 번 있는 아까운 휴가까지 이용해 환자들과 씨름해야 한단 말이냐? 나는 그런 어리석은 짓은 안 한다. 휴가는 나와 내 가족만을 위해 사용하겠다!"라고 생각하고 말할 수도 있다. 일리 있고 정당한 말이다.

하지만 별 큰 의미 부여 없이 "나도 한 번쯤 남을 위해 봉사해 보고 싶다!" 또는 "내가 그래도 한 가지 잘하는 재능이나 직업이 있어서 다행이다. 다른 나라에 가서 나의 조그마한 봉사를 기뻐하는 사람들에게 도움 줄 수 있으니, 나는 행복한 사람이다."라고 생각할 수도 있다. 그러면, 그 봉사자는 이미 하나님의 생명줄, 천국을 향한 가이드라인 밧줄을 준비한 사람이라고 할 수 있다.

우리 모두가 일상 속에서 누군가에게 남을 도와줄 수 있는 생명줄을 내미는 사람들이 되기를 소원한다.

"밤에 환상이 바울에게 보이니 마게도냐 사람 하나가 서서 그에게 청하여 가로되 마게도냐로 건너와서 우리를 도우라 하거늘"(사도행전 16:9)

4부

100세 시대에 노인들이
할 일이 많다

100세 시대에 노인들이
할 일이 많다

우리나라가 어느덧 선진국이 되면서 OECD 국가 중에서 평균 수명이 상위에 속하게 되었다. 전 국민 의료 보험의 효과가 엄청나다. 과거에는 암이나 고혈압, 당뇨, 심장병, 뇌졸중, 동맥 경화증, 치매 같은 만성 성인병으로 죽을 수밖에 없던 노인 환자들이 지금은 장수를 누린다. 국가에서 노인 요양 보험을 이용하여 엄청난 의료비를 국가가 감당하게 함으로써 살려내어 평균 수명을 늘려준 것이다.

이제는 90세를 건강하게 넘긴 분들이 아주 많아졌다. 100세를 넘긴 분들도 과거에 비해 상당히 많아졌다. 그럼 보통 60세~65세 정도면 현직에서 은퇴하는 우리들은 이런 100세 시대에 어떻게 살아야 하는가?

사람마다 직업이 다양하게 많은 것처럼 버킷 리스트가 다 다르다. 세계 여행이 꿈인 분들도 있다. 음악이나 미술 같은 예술 활동이 꿈인 분들도 있다. 문학 작품을 쓰고 싶은 분들도 있다. 골프, 킬리만자로 산 등산 같은 스포츠가 꿈인 분들도 있을 것이다. 어떤 것이든 다 좋은 것이지만, 나는 거기에 몇 가지를 더 권해 드리고 싶다. 성도들이 건강하게 오래 살아야 할 분명한 이유가 있다는 것이다.

먼저, 100세 시대에 우리나라 노인들은 각자 우리 자손들의 믿음을 위해 기도해 주어야 될 사명이 있다. 누가 말하지 않아도 성도들은 다들 잘 하고 계실 것이다. 자기 가족과 자식들과 손자들이 믿음 생활에서 떠나지 않도록 기도해야 한다. 구원의 방주 밖으로 나가지 않도록 끊임없이 중보 기도를 해 주어야 한다. 우리의 자식들과 손자들이 믿음을 잃어버린다면 우리는 모든 것을 잃는 것과 같다.

우리 주변을 둘러보면 부모는 잘 믿고 신앙 생활에 열심인데, 자녀들은 안 믿는 가정들이 너무 많다. 자녀들이 안 믿는 이유는 다양할 것이다. 자녀들이 어릴 때 철저하게 신앙 교육을 시키지 않은 경우도 있을 것이다. 자녀들이 인격적으로 예수님을 만나지 못해 교회를 떠날 수도 있다. 자녀들이 커서 진화론적 학교 교육이나 불신 친구들의 영향을 받아 믿음을 버릴 수도 있다.

부모의 이중적인 신앙 생활(교회에서와 가정에서 다른 모습)에 환멸을 느껴 신앙을 버린 경우도 있을 것이다. 사춘기를 거치면서 인생과 세상의 불의, 부정, 불공평과 차별에 실망할 수도 있다. 질병 전쟁과 재난의 비참한 세상의 참상, 아프리카, 아시아, 남미의 가난함과 불쌍함, 자신의 실패와 시련 때문에 종교에 회의를 느껴 떠날 수도 있다.

공산주의, 사회주의, 민주주의의 이념 대립, 불교, 힌두교, 이슬람, 천주교, 기독교의 종교 간 대립과 공격, 과격한 테러 등에 하나님의 부재를 느끼면서 교회를 떠날 수도 있다.

이유가 어떠하든 우리는 천국에 있는데 우리의 자손들이 지옥에 간다면. 우리는 천국에 가서도 가슴이 아플 것이다.(눅23:28)

또한 이 나라의 국가 안보와 평안, 교육, 외교, 경제를 위해서 시간이 남아도는 노인들이 기도해야 하지 않겠는가!(렘29:7) 예수님이 탄생하실 때에도 그 시대 노인들이자 선지자들이었던 시므온과 안나 여 선지자가 메시야를 기다리면서 성전에서 기도하였다. 그랬기에 아기 예수님을 안고 축복할 수 있었던 것이다.(눅2:28, 36)

주위의 노인들을 잘 살펴보면 관찰할 수 있는 것이 있다. 가족 중에 신실한 노인이 계셔서 자녀들을 향해 밤낮으로 중보 기도를 해주는 가정들을 찾아보면 하나님의 손길이 보인다.

틀림없이 기도해 주는 조부모가 있는 젊은 가정들과 손자들이 건강하게 잘 되고 평안하게 살고 있을 것이다.

믿음의 노인들은 자신의 꿈을 이루며 살 뿐만 아니라, 불신 이웃 노인들의 영적 필요를 돌아보아야 한다. 그들을 구원의 길로 인도하는 전도자와 섬기는 자로서 살아가야 한다.(딤후4:2) 지금도 불신 노인들을 보면 평생에 한 번도 주일에 교회에 가 본 적이 없는 사람들이 너무 많다. 또 어릴 때나 청소년 때 잠깐 교회에 다녔다가 장년이 된 후로는 교회를 완전히 떠난 노인들도 아주 많다.

우리나라 전체 노인들의 90%는 예수님을 믿지 않고 있다. 대부분 불교나 무교로서 주일에 교회에 나오지 않는다.

그런 불신 노인들에게 눈높이에 맞추어 예수님의 사랑을 자연스럽게, 전할 수 있는 적임자는 비슷한 나이대의 믿는 노인들이다. 같은 노인으로서 동병상련의 심정이 젊은 전도자보다 더 잘 통할 것임은 말할 필요가 없을 것이다.

그리고 은퇴한 후에도 건강하고 시간이 넘쳐나며 경제적으로도 연금이나 기타 고정적 소득으로 경제적 안정을 누리는 분들이 반드시 해야 할 일 중에 하나가 바로 해외 선교이다.(행1:8) 지금까지도 적지 않은 전문직 은퇴자들이 자신의 전문적 기술과 지식을 활용할 수 있는 인생 2막의 실버 전문인 선교를 해 왔다. 이제는 몇몇 소수만 자원하던 실버 선교를 더 확대해야 한다. 누구든지 몸 건강하며 시간과 경제적 여유가 있는 사람들은 그걸 선교를 위해 계속 사용해야 할 때가 왔다. 평생 갈고 닦은 전문 지식과 기술들을 계속 활용할 수 있는 노인들은, 남은 십수 년의 세월을 아깝게 사장시킬 필요가 없다.

주님의 나라와 의를 위하여, 전문 지식과 기술을 사용할 수 있다. 기술과 교육이 필요한 가난한 이웃 나라들을 위하여 선교하며 봉사할 수 있는 시대가 된 것이다.

"그런즉 너희는 먼저 그의 나라와 그의 의를 구하라 그리하면 이 모든 것을 너희에게 더하시리라"(마태복음 6:33)

두 장면으로 압축되는 인생과
영원히 별처럼 빛나는 인생

"아브라함이 이르되 얘 너는 살았을 때에 좋은 것을 받았고 나사로는 고난을 받았으니 이 것을 기억하라 이제 그는 여기서 위로를 받고 너는 괴로움을 받느니라."(누가복음 16:25)

최근에 우연이 리메이크 영화 작품 〈빠삐용〉을 보게 되었다. 이번에 예전 영화에서 느꼈던 감동보다는 두 번의 독방 생활에 대한 장면이 눈에 들어와 좀 다른 감동과 생각이 들었다. 첫 번 탈옥에서 나비 상인의 배신으로 붙잡혀 들어와 2년을 독방에서 고생하는 장면도 명장면이었다. 나 같으면 2년을 거의 견딜 수 없고 독방에서 죽든지, 동료 이름을 불고 나오든지 했을 것이라는 느낌이 들었다.

그 햇빛도 차단되고 한마디 말도 할 수 없는 고립된 그 독방 속에서 바퀴벌레를 잡아먹으며 죽지 않고 버틴 것도 기적 같은 일이다.

그러나 내가 받은 또 다른 느낌은, 그가 두 번째 탈출하다가 붙잡혀서 형벌로, 5년간 독방 생활을 다시 하고 살아서 나온 장면이다. 교도소장이 죽지 않고 살아서 나오니 놀라서 말을 못 한다. 영화에서는 5년의 독방 생활을 생략한 채 5년 만에 문이 열린다. 교도소 감옥 복도 통로의 밝은 빛 쪽으로 주인공이 두 명의 간수에게 붙들려, 혼자 걸을 수가 없기에 질질 끌려 나오는 단 한 장면으로 보여준다.

5년간의 독방 속 고립된 죄수 생활 장면은 전부 생략되었다. 이것이 내게는 인상적인 색다른 느낌으로 다가왔다.

무려 5년이란 상당히 긴 시간이 다만 독방 들어갈 때와 5년 후 독방 문이 열려 나올 때의 한 장면으로 압축된 것이다. 바로 우리 인생을 상징적으로, 단적으로 보여주는 명장면이라고 생각했다.

사람마다 전부 생각이 다르기 때문에 제 생각을 주장할 뜻은 없다. 그러나 우리가 공동묘지나 조상의 묘지에 가서 비석을 보면 거의 두 가지 기록만이 대리석 비석에 적혀 있다.

즉 망인이 태어난 날과 죽은 날만 기록되고 그 외에는 아무것도 없다는 것이다. 한 사람이 태어나서 보통 수십 년 정도의, 대부분 백 년 미만의 인생을 살다 간다. 그 사람이 살아 있을 때는 대부분 자신이 자기 인생 드라마의 주인공인 것처럼 생각하고 산다. 그 주인공이 연출하는 수십 년간의 드라마는 그 주인공의 죽음을 통해

한 인생의 막을 내린다.

구약과 신약의 성경 속에서 우리는 수많은 주인공들과 조연들과 무명의 배우들을 만난다. 구약 39권은 이스라엘 역사를 중심으로 한 인류 역사를 기록했기에 아주 많은 사람들의 인생이 기록되어 있다.

예수 그리스도를 중심으로 한 신약 27권에도 많은 사람들의 진지한 인생 스토리가 있다. 또 예수님은 누가복음에서 여러 예화를 말씀하시면서, 여러 사람들과 천국과 지옥과 심판을 언급했다. 그중 거지 나사로와 부자 예화에서 나사로는 평생 천대받고 멸시받는 기피의 대상으로 평생 손가락질 받는 실패한 인생의 전형으로 살았다. 그러나 그는 인생을 사는 동안 만 가지의 실수와 잘못을 했어도 단 한 가지는 분명히 잘했다.

그 잘한 것, 단 한 가지는 바로 자기 조상의 하나님, 아브라함의 하나님, 창조주 하나님에 대한 믿음을 붙잡고서 끝까지 변치 않았다는 것이다. 그 한 가지 다른 점으로 인해 죽은 후 모든 것이 부자와 다르게 역전의 주인공이 되었다.

부자는 호화롭게 평생 인생을 즐기면서 행복하게 살았다.

다만 한 가지만 빼고는 아무 문제가 없었다. 바로 아브라함의 하나님, 창조주 여호와 하나님에 대한 믿음이 없었다. 죽은 후에는 그 것 한 가지가 영원히 벌 받을 그의 인생 운명, 즉 모든 것을 바꾸었다. 예수님은 분명하게 그들의 영원한 운명이 바뀐 이유를 설명하셨다. 누가복음 16장 31절에 "이르되 모세와 선지자들에게 듣지 아니하면 비록 죽은 자 가운데서 살아나는 자가 있을지라도 권함을 받지 아니하리라 하였다 하시니라."라고 말씀 하셨다. 모세와 선지자들이라 함은 성경과 전도자가 그들의 인생 가운데서, 분명하게 그들에게 복음을 전한 시기가 있었다는 것이다.

어떤 사람이든 한평생 인생을 살아가면서 여러 차례, 여러 기회들을 통하여, 하나님을 알고 믿을 기회가 있었을 것이다. 하지만 그들은 의지적으로 하나님을 거절하고, 거역한 것이다. 그러므로 사람이 죽은 뒤 하나님의 심판대 앞에서 그들은 변명할 수가 없는 것이다. 입이 열 개라도 할 말이 없을 것이다.

만일 어떤 사람이 한평생 한 번도 전도를 받아본 적도, 성경을 본 적도, 삼위일체 하나님, 예수 그리스도의 이름을 들어본 적이 없다 할지라도, 사람은 하나님의 심판대 앞에서 변명할 수가 없다. 성경은 그들이 핑계치 못할 것이라고 분명히 로마서에서 말씀한다. 로마서는 "이는 하나님을 알 만한 것이 그들 속에 보임이라 하나님께서 이를 그들에게 보이셨느니라. 창세로부터 그의 보이지 아니하는 것들 곧 그의 영원하신 능력과 신성이 그가 만드신 만물에 분명히 보여 알려졌나니 그러므로 그들이 핑계하지 못할지니라." 라고 분명히 말씀하고 있다.(로마서 1:19-20)

우리는 복음에 빚진 자로서 당연히 우리 평생 복음을 전해야 한다. 우리 눈앞에서 물에 빠져 죽어가는 사람이 있다면, 당연히 우리는 대장되신 예수님을 따라서 그리스도의 구조 임무에 동참해야 한다. 아직까지 믿지 않는 사람들을 볼 때 그들을 긍휼히 여겨야 한다. 복음을 받아들이도록 그 영혼들을 불쌍히 여겨야 한다. 한편으로는 우리 자신이 예수님의 구조선에 승선하여, 왕 되시며 구조선 선장이신 예수님처럼 열심히 죄의 물에 빠진 사람들을 구조하고 있는지 돌아보아야 할 것이다.

여러분이 이 일에 열심을 내어 최선을 다하고 있다고 믿는다. 나도 날마다 인생의 시간을 낭비하지 않고 열심을 다하여, 목표를 향하여 뛰어가기를 원한다.

의사로서 나는 의료 선교하는 일을 시작한 지 꽤 오래되었다. 처음 시작할 때가 내 막내아들이 태어나기 전이었으니 한 사람의 젊은 인생만큼은 한 셈이다. 하지만 돌아보면 생각나지 않고, 대부분 잊어 버려서 별로 길지 않은 시간이었다.

빠삐용의 영화처럼, 내 인생도 단 한 장면으로 처리될 수 있다. 단 하룻밤의 꿈으로도 압축될 수 있기에, 앞으로도 계속 이 일들을 하기 원한다.

천 년이 하루 같은 하나님 앞에서는 길이의 시간은 큰 의미가 없다.(Chronologic time, 연대기적 사간) 카이로스의 시간(Kairos time)만이 더 중요한 의미를 지닌다.

그동안의 시간들, 뒤를 돌아다보다가 주제와는 다른 또 한 가지 재미있는 사실을 관찰하게 되었다. 지금까지 지켜본 것 중에 5년 이상을 성실하게 봉사한 많은 남녀 청년들이 많다. 그중에서 결혼하고 싶은데 결혼을 못 한 사람이 별로 없다는 것을 우연히 발견한 것이다. 비혼과 저출산의 시대라서 관심을 갖게 된 부차적인 우연한 관찰이지만 재미있는 사실이다.

청년들의 결혼에 대한 일, 남녀 간 짝을 맺어 주시는 것은 하나님의 일이고, 또 나의 봉사와는 상관없는 일이다. 하나님이 친히 하시는 일들이다. 그래서 여기서 오해하지 않도록 말하기기 좀 조심스럽다. 하지만 어쨌든 재미있는 사실 같아서 말을 꺼내는 것이다. 지금까지 같이 봉사했던 노총각, 노처녀 중에 가장 늦게 결혼한 사람은 50대 후반의 이동 진료 팀 J 권사님이 있다.

그리고도, 40세 한참 넘어 결혼한 노처녀들이 여럿 있다. 물론 노총각들도 여럿 있다. 어떤 방법으로든 하나님이 배우자감을 만나게 하셨다. 그들 대부분이 다 결혼하여 독신을 벗어난 것이다. 당연히 전부는 아니다.

그런데 몇 명의 결혼을 안 한 자매나 총각들을 자세히 보면, 만날 만한 짝이 생겨도 그들이 상대방을 밀어낸 것 같았다. 스스로 결혼을 안 한 것이라고 생각한다. 미혼자들이 배우자감 자체를 못 찾아서 결혼을 못 한 것은 아니라는 결론을 내렸다.

하나님께 열심히 봉사하는 사람에게는, 분명히 하나님이 각 사람에 맞춤형으로 각자 배우자감을 만나게 하신다. 그러나 배우자감을 눈앞에 데려다 놓았는데도, 눈에 콩깍지가 씌워지지 않는 경우가 있다. 또는 자신의 지나친 욕심 때문에 하나님의 선물들을 거절한 것일 수도 있다. 만년 독신인 그들은 하나님 앞에서 당당하게 하나님이 자기들에게 짝을 주시지 않았다고 불평할 수는 없을 것이다.

어떤 사람이든, 어떤 부부든 한 삼십 년 살아보면 비슷해진다. 그냥 그 남자가 그 남자고, 그 여자가 그 여자인 것을 알게 된다.

어떤 미혼 남자든, 어떤 미혼 여자든 배우자감을 고르고 또 골라 봤자 사실 별것 없다.

하나님이 내 눈앞에 적당하게 괜찮은 사람을 데려다 놓거나, 주위에서 저 정도면 괜찮다고 말하는 사람이 있으면 붙잡아야 한다. 하나님께서 절대 저 사람은 아니라고 강력하게 말씀하시지 않는다면, 그 사람은 붙잡아야 한다.

하나님은 "저 사람을 붙잡아라!"라고 말씀하시기보다는 "그 사람과 결혼하면 안 되는 이유를 네가 말해 보아라!"라고 하시는 경우가 많다. Yes라고 하시기보다는, No라는 응답을 주시지 않는 방법으로, 바로 그 사람이 평생의 배우자감인 것을 알려 주시는 경우가 많다.

그런 경우가 흔히 있다는 것이다.

달리 말하면, "그 사람과 꼭 결혼해라."라고 말씀하시는 경우는 드물다는 것이다. 그게 단순하면서도 배우자 기도 응답을 잘 받는 비결이다.

하나님께서 선교를 다녀온 사람들에게, 여러 가지 기도 제목들에 응답해 주시는 것을 많이 보았다. 종류를 불문하고, 좋은 응답들, 하나님만이 주실 수 있는, 하늘의 선물들을 보아왔기에 그냥 관찰 경험을 말씀드리는 것뿐이다.

개인들의 은밀한 소원들도 수로보니게 여인처럼, 한밤중에 찾아온 친구를 먹이기 위해 옆집 사람의 잠을 깨우면서까지 문 두드리는 사람처럼 간청하면 좋겠다. 불의한 재판관에게 날마다 찾아가서 하소연하는 불쌍한 과부처럼 계속 멈추지 말고 기도 하면 좋겠다.

모두들 담대하고 끈질기게, 쉬지 말고 순전한 배포와 완전한 배짱을 가지면 좋겠다. 부끄러움을 넘어서서 응답받을 때까지 하나님을 진돗개처럼 물고 늘어지기를 바란다. 야곱에게 하나님이 "이제 그만해라 네가 이겼다. 나를 이제 가게 해라"라는 말씀하실 때까지 기도하는 사람들이 되었으면 한다.

"너희가 악할지라도 좋은 것을 자식에게 줄 줄 알거든 하물며 너희 하늘 아버지께서 구하는 자에게 성령을 주시지 않겠느냐 하시니라."(누가복음 11:13)

동역자와 동업자

"우리는 하나님의 동역자들이요 너희는 하나님의 밭이요 하나님의 집이니라."(고전 3:19)

동역자는 서로를 위해 일하는 사람들이요, 동업자는 자기를 위해 일하는 사람이다. 하나님은 우리를 자신의 동역자로 불러주셨다. 단순한 하인이나 종이 아닌 하나님 자신의 계획과 전략을 우리와 공유하시겠다고 하신다. 우리를 복음의 파트너로 삼아 주신 것이다.

의사들은 동역자 파트너란 말을 별로 쓰지 않는다. 그냥 동업자라고 한다. 의사들은 자신을 위해 일할 뿐 동업자를 위해 일하지는 않는다.

반면 변호사 사회에서, 특히 법무법인에서 파트너 동역자는 오너와 비슷한 거의 같은 위치이다. 오너와 거의 모든 것을 공유한다. 오너와 같은 급의 급여와 인센티브 보상을 받는다. 변호사 사회에서 파트너는 그만큼 실력과 경력과 실무 능력을 인정받은 유능한 사람이란 뜻이다.

유능한 파트너에 의해 법무법인 회사 전체가 살아난다. 나머지 일반 직원들도 큰 혜택을 본다. 우리나라의 김앤장, 태평양, 광장 같은 법무법인의 파트너는 상상을 초월하는 급여 보상을 받는다.

파트너들은 우리나라뿐만 아니라 미국과 유럽에서도 직장인들 중 최고의 급여를 받는다. 개인 소득세를 최고로 많이 낸다. 보통 사람이 1년이나 몇 년에 걸쳐 받을 연봉을 단 한 달의 급여 정도로 받는다. 그 외 추가로 받는 인센티브는 아마 상상을 초과할 것이다.

세상의 동역자들도 이런 놀라운 대접을 받는데 하물며 하나님의 동역자들인 우리는 어떻겠는가? 창조주요 만물의 주인이시며 왕 중의 왕이신 하나님께서는 어떻게 우리를 대접하겠는가? 다만 우리가 받을 보상은 이 땅의 돈이나 권력이 아닌 천국의 상급이다. 우리가 받을 보물은 하늘에 쌓인다. 세상의 보물은 도둑맞을 수 있고, 녹이 슬 수 있고 곰팡이가 필 수 있다.

예수님은 마태복음 6장 19-20절에 "너희를 위하여 보물을 땅에 쌓아 두지 말라 거기는 좀이나 동록이 해하여 도둑이 구멍을 뚫고 도둑질하느니라 오직 너희를 위하여 보불을 하늘에 쌓아 두라 거기는 좀이나 동록이 해하지 못하며 도독이 구멍을 뚫지도 못하며 도둑질도 못 하느니라"라고 말씀하셨다.

하나님은 이 땅에서 믿는 자들을 동역자로 부르셨다.
하나님의 동역자 되신 모든 성도님들께 축하드리고 여러분의 수고가 결단코 헛되지 않을 것을 믿는다.

"그러므로 내 사랑하는 형제들아 견실하며 흔들리지 말고 항상 주의 일에 더욱 힘쓰는 자들이 되라 이는 너희 수고가 주 안에서 헛되지 않을 줄을 앎이라"(고린도전서 15:58)

스쳐 지나가는
바람의 이름은 기억하지 못한다

"또 누구든지 하나님을 사랑하면 그 사람은 하나님도 알아주시느니라"(고린도전서 8:3)

교회에는 많은 교인들이 여러 부서에서 다양하게 봉사하는 인원이 많다. 우리는 서로에게 스쳐 지나가는 바람이 될 수도 있고, 봉사를 통하여 서로에게 의미 있는 꽃이 될 수도 있다.

사도 바울은 신약 성경 13권을 썼다. 그 13권 안에 사도 바울이 사랑하는 수십 명의 성도들의 이름이 들어 있다. 그중에 로마서 16장 1절을 보면 뵈뵈라는 여집사 이름이 맨 앞에 나온다. 그 뵈뵈는 그리스의 고린도 지방에 있는 겐그레아 가정 교회의 여집사이다. 사도 바울은 그녀를 얼마나 깊이 신뢰하였는지, 자기가 쓴 교리서 중에 가장 중요한 로마서라는 편지를, 그 뵈뵈 여집사에게 맡겨 인편으로 로마에 보낸다.

로마 교회 교인들은 전에 뵈뵈 여집사를 본 적이 없다. 그럼에도 사도 바울은 그녀를 많은 성도들 이름 중에 맨 처음으로 소개하면서 극찬을 한다. 2절을 보면 "그가 여러 사람과 나의 보호자가 되었음이라"라고 힘을 주어 강조하며 말한 것이다. 뵈뵈 집사는 여자가 인격적 대접을 받지 못하는 시대에 살았다. 그럼에도 사도 바울 자신에게는 가장 신뢰할 수 있는 중요한 인물이라고 소개한다. 로마교인들에게 나를 대신해서 뵈뵈를 잘 대접해 주라고 당부한 것이다.

보통 사람은 평생 살면서 평균적으로 500-1,000명 정도의 사람과 친밀한 관계를 형성한다. 어릴 때 가족, 친척, 동네 친구들, 초등학교 동창, 중학교 동창, 고등학교 동창, 대학교 동창, 직장 동료, 동네 이웃, 동호회 회원, 여행 친구들, 교회 교인 등을 합치면 대부분 그 정도는 될 수 있다.

그중에 상당수는 그냥 안면과 이름 정도 알고 지나치는 관계이다. 그중 일정 부분 공통점이 있는 사람들과는 인격적인 관계를 형성하게 된다. 인격적인 관계가 아주 친한 친구만을 의미하는 것은 아니다. 너무 폭 좁게 관계를 축소시킬 필요는 없다.

인격과 성격이란 말은 폭넓게 쓰이므로 엄격하게 정의하기가 쉽지 않다. 인격은 정신적인 것이고 소프트웨어적인 면이 있다. 성격은 기질적인 것이고 하드웨어적인 면이 있다.

이들을 쉽게 이해하는 방법이 있다. 이들의 반대말인 "인격 장애, 성격 장애, 인간성 장애"라는 다른 말로 표현하면 서로 공감하기가 쉬워진다.

인격 장애는 보통 이기적인 사람이라고 말한다. 다른 사람에게 고통을 주는 사람이라고 할 수 있다. 모든 원인을 남 탓하는 사람이다. 자기가 문제를 일으키면서도 자신이 원인이라는 것을 인지하지 못한다든지 하는 것이다.

성격 장애는 선천적인 병으로 타고나는 경우도 있다. 자라면서 균형 잡힌 가정 교육을 받지 못해 자기 합리화만 하는 식으로 후천적으로 형성될 수 있다. 사회적인 화두가 되는 땅콩 회항, 물컵 갑질, 회사 갑질, 미투의 내용인 성적 범죄들을 일으키는 사람들의 특징이 되겠다.

인격 장애와 성격 장애는 혼용되기도 한다. 일반적으로 쉽게 화를 내고, 충동적이고, 죄의식 없이 남에게 고통을 주는 사람이다. 도덕적 금기를 깨며, 양심의 가책이 없이 거짓말을 상습적으로 한다. 남을 속이고, 법과 사회의 상식적인 제도에 반항하고, 순응하는 것을 거부한다. 범죄를 반복적이고 고의적으로 저지르며, 비정상적인 행동을 하며 자신의 말과 행동에 책임을 지지 않는다.

로마서 1장 18절-32절까지를 보면 인격과 성격에 장애가 있는 사람들의 특징을 자세하게 기록하고 있다. "하나님을 알되 거부하고 우상 숭배하는 사람, 동성애자, 모든 불의, 추악, 탐욕, 악의, 시기, 살인, 분쟁, 사기, 악독, 수군수군 하는 자, 비방, 하나님을 미워하는 자, 능욕, 교만, 자랑, 악을 도모, 부모 거역하는 자들이다. 우매, 배약, 무정, 무자비한 자들과 자기들이 이 같은 죄를 저지를 뿐만 아니라 그런 죄를 저지르는 자들을 옳다고 인정하는 사람들이다."

우리는 스스로 착하며 양심적이라고 생각한다. 우리는 전적으로 이런 죄를 범하지는 않지만, 누구도 이런 죄에서 자유롭지 못하다. 우리 안에 이런 특성들이 조금씩은 다 있다.

그래서 우리는 우리 죄를 대신해서 죽으신 예수님이 필요한 것이다. 우리가 믿는 삼위일체 하나님은 인격적이신 하나님이시다. 인격적이신 하나님이 우리에게 하나님의 형상을 따라 인격을 우리 안에 주셨다.

내재된 인격이 우리의 양심이다. 그러나 아담의 범죄로 인해 죄의 속성이 유전되면서 우리의 양심은 죄로 물들어서 그 기준이 제

각각 다르고 또 수시로 변한다. 즉 양심을 믿을 수 없게 된 것이다. 그러나 그래도 양심은 인간의 최후의 보루이다.

그래서 베드로는 베드로 전서 3장 16절에서 "선한 양심을 가지라 이는 그리스도 안에 있는 너희의 선행을 욕하는 자들로 그 비방하는 일에 부끄러움을 당하게 하려 함이라"라고 권고하고 있다.

인격과 성격은 단순명료하게, 간단하게 설명할 수가 없다. 보통 "인격적인 관계를 가진다."를 좀 더 쉽게 예를 들면 그 사람을 싫어하지 않고, 불편하지 않은 편안한 마음으로 밥을 같이 먹을 수 있는 관계라고 말할 수 있겠다.

나나 여러분이 어색하지 않고, 편하고 즐겁게 한 끼 식사를 같이 할 수 있다면 우리는 이미 인격적인 관계를 형성한 것이다. 그래서 모두가 하나님의 특별한 선택을 받으신 분임을 확신한다.

우리가 서로 얼굴을 보면서 서로를 알아가야만이, 인격적인 관계를 형성할 수 있기 때문이다. 같은 교회 교인들이 서로 인격적으로 친하게 지내다가, 천국에서 영원히 함께 거한다면 더 좋을 것이라고 생각한다. 그래서 여러분들이 교인들 서로 이름을 외우고 얼굴을 익히도록 권고하고 있다. 같은 교회 교인들이라도 함께 선교를 다녀오더라도 서로를 너무 모르면 우리는 서로에게 바람처럼 스쳐 지나가는 사람이 된다.

바람처럼 스쳐 지나가는 사람을 누구도 기억할 수 없다.

교인들끼리 자주 만나 마음을 열고, 대화를 나누어야 한다. 다른 교인들의 과거와 현재 그리고 장래의 꿈, 가족들과 일에 관한 것들을 나눌 때 우리는 바람이 아닌 서로에게 의미가 된다.

김춘수 시인의 꽃이란 시를 보면 쉽게 이해가 된다.

"내가 그의 이름을 불러 주기 전까지는 그는 다만 하나의 몸짓에 지나지 않았다"라고 한다. 누군가를 인격적으로 알고 그 이름을 부를 때, 그는 나에게 다가와 꽃이 된다.

"너는 나에게 나는 너에게 잊혀지지 않는 하나의 눈짓, 의미 있는 존재"가 된다. 인격적 관계를 가질 때만이 서로에게 꽃이 된다. 서로에게 이름을 기억하며 잊을 수 없는 영적 존재가 된다.

우리가 서로에게 꽃이 되고, 의미 있는 존재가 되어, 천국에서 친밀한 영가족으로 영생의 축복으로 함께 누리는 귀한 분들이 되기를 소원한다.

"보라 형제가 연합하여 동거함이 어찌 그리 선하고 아름다운고"(시편 133:1)

기도응답과
하나님의 주권

"하나님이 모든 것을 지으시되 때를 따라 아름답게 하셨고 또 사람들에게는 영원을 사모하는 마음을 주셨느니라 그러나 하나님이 하시는 일의 시종을 사람으로 측량할 수 없게 하셨도다"(전도서 3:11)

어떤 때는 소리 내어 기도하지 않고 그냥 마음속에 생각만 했는데도 신기하게 기도가 응답될 때도 있었다. 어떤 기도 재목들은 오랜 시간 동안 간절히, 애타게 기도하고 있는데도 아무런 응답을 받지 못할 때도 있었다.

몇 년 동안 날마다 가슴 졸이며 열심히 기도했던 간절한 기도 제목들이 있었다. 왜 하나님이 내 마음을 몰라주는지 야속하게 느껴지기도 했다. 오랫동안 하나님의 응답을 기다렸다.

하지만 결국 하나님은 무응답으로 많은 응답을 대신하셨다.

그때의 심정은 내가 하나님께 아뢰는 기도의 구십 프로는 하늘나라 쓰레기통으로 들어가는가 보다 하고 실망하기도 했다.

몇 달, 몇 년, 수십 년째 기도하고 있는데도 아무런 사인이나 응답을 받지 못한 기도 제목도 많았다.

어느 날 우연히 기도 수첩에 적인 기도 제목들을 살펴보았다. 몇 년 동안 중요하다고 생각되는 기도 제목만을 적어 놓은 수첩이었다. 놀랍게도 대부분 응답되어 있었다. 전부는 아니었지만 대부분 간절했던 기도 제목들은 어떤 식으로든 응답되어 해결된 것을 확인하게 되었다.

때로 하나님의 무응답은 이런 뜻할 때도 있다는 것을 깨달았다. "괜찮아 나는 네가 의사가 되어도 좋고, 교사가 되어도 공무원이 되어도 좋다. 대전으로 이사를 가도 좋고, 서울에 남아 있어도 좋다. 홍길동과 결혼을 해도 좋고, 춘향 이와 결혼을 해도 좋고, 독신으로 살아도 좋다. 나한테는 별로 상관없다. 어느 쪽을 선택하든, 나는 너를 보호하고 지켜 주겠다."라며 하실 수 있다는 것이다.
그래서 어느 날 문득 생각하게 되었다. 하나님은 나의 모든 기도를 들으시지만 침묵으로 응답하시는 때가 훨씬 더 많다는 것이다. 무응답이 그 상황에서는 최선의 답변이기 때문이다. 침묵 때문에 내가 깨닫기를 바라시는 뜻으로 무응답의 답변을 하신다는 것이다.

나의 잘못된 기도에 모두 응답하셨으면 나는 진즉 더 빨리 망했을 것이다. 아마 이미 죽었을 것이 확실하다. 나의 잘못된 기도에 대해서는 침묵으로 그런 기도는 안 해도 된다는 것을 말씀하신 것이다. 너의 소원을 반대로 생각해 보아라 하고 말씀하실 때도 있다.

미얀마 최초 선교사인 아도니람 저드슨 선교사는 1813년 양곤에 도착 후 만 6년 만에 첫 번 신자를 얻어 현지인 정원지기에게 세례를 베풀었다. 7년째가 되어서 비로소 10명의 카렌족 미얀마인들에게 세례식을 할 수 있었다. 그렇지만 미얀마와 영국의 갈등으로 1년 6개월을 아주 열악한 감옥에 갇혀 있어야 했다. 13년 후에는 아내와 딸이 병들어 죽었다. 그 후유증으로 2년간 극심한 우울증에 시달렸다.

저드슨은 8년 후에 여성 선교사와 재혼했으나 11년 후 선교 후원금을 모금하기 위해 미국으로 가던 중 재혼한 아내가 병으로 죽었다. 37년째인 1850년 질병이 심하여 치료차 귀국 도중 벵골만에서 죽었다. 그의 시신은 수장되었다.

월리암 케리는 선교사로 나가는 것이 하나님의 뜻이라고 믿었지만 그 삶에는 엄청남 고난의 대가가 뒤따랐다. 부인이 정신병으로 죽었고, 다른 여러 가족들도 병으로 죽었다.

새뮤얼 즈위머라는 선교사는 평생을 사우디아라비아 반도에서 선교사로 보냈다. 하지만 단 한 명의 어른 새 신자를 얻지 못했다. 인생의 시간만 낭비한 것일까? 아니다. 하나님은 알아주신다.

제럴드 L. 싯처라는 목사는 하나님의 뜻으로 알고 대학에서 성경을 강의하기 위해 이사했다가 부인과 두 자녀를 교통사고로 잃었다. 하나님은 일부러 그 가정에 고통을 주기 위해 잘못된 길로 인도했을까? 아니다.

우리나라에 왔던 많은 의료 선교사들이 조선의 백성들에게 복음을 전하기 위해 자신과 가족의 생명을 희생하면서까지 수고하였다. 그렇게 희생한 선교사 묘지가 서울 양화진과 평양, 대전과 광주, 전주, 대구, 부산 등지에 많이 생겼다.

우리는 천국에서 지금 희미하게 보인 것들을 얼굴과 얼굴을 맞대면서 알게 될 것이다.

"우리가 지금은 거울을 보는 것같이 희미하나 그때에는 얼굴과 얼굴을 대하여 볼 것이요 지금은 내가 부분적으로 아나 그때에는 주께서 나를 아신 것같이 내가 온전히 알리라"(고전 13:12)

중보기도
– 부전승 인생과 끝이 슬픈 이야기

"--내 종 욥이 너희를 위하여 기도할 것인즉 내가 그를 기쁘게 받으리니 너희가 우매한 만큼 너희에게 갚지 아니하리라 --" 이에 데만 사람 엘리바스와 수아 사람 빌닷과 나아마 사람 소발이 가서 여호와께서 자기들에게 명령하신 대로 행하니라 여호와께서 욥을 기쁘게 받으셨더라"(욥기 42:8-9)

먼저 중보 기도를 통해 기도 응답받은 것은 같지만, 끝이 다른 이야기를 하나 하고 싶다. 욥기의 마지막 부분에 와서 하나님은 욥의 세 친구들에게 명령을 내린다. 42장 7절에 "여호와께서 데만 사람 엘리바스에게 이르시되 내가 너와 네 두 친구에게 노하나니 이는 너희가 나를 가리켜 말한 것이 내 종 욥의 말같이 옳지 못함이니라" 라고 말씀하신다.

그런즉 제물을 가지고 욥에게 가서 욥으로 하여금 너희를 위하여 기도하게 하신다. 욥에게 중보 기도를 하도록 시키시고 욥의 기도를 기쁘게 받으시겠다고 하신다. 이 부분은 이해하기가 어렵다. 욥의 세 친구들이 욥을 위로하고 욥의 스스로 의롭다하는 점들을 길게 비난했다.

틀린 말이 아니었지만 욥을 위로하기 위한 친구들 말은 비수처럼, 창끝처럼 욥의 마음과 심장을 찔렀고, 더 큰 상처를 안겨 주었다.

옳은 말들도 칼과 창처럼 사람에게 상처를 낸다. 이치에 맞는 좋은 말들도 때로 날카로운 화살처럼 신장을 관통한다. 사람은 그 사람의 입에서 나오는 말들로 그 사람의 인격과 성향을 파악한다.

욥의 세 친구들도 욥처럼 믿음의 사람들이었다. 욥같이 지혜롭고 의로운 사람이 나쁜 친구들과 평생을 함께할 이유가 없다. 욥의 세 친구들도 믿음에 관한 한 욥에 뒤지지 않게 신앙심이 깊었다. 행실이 의롭고 착한 양심으로 평생을 올곧게 살아온 의인들이었다. 그들의 말을 하나하나 따져 보면 전부 옳은 말들뿐이다. 식당이나 가게에 가면 흔히 볼 수 있는 유명한 말씀 욥기 8장 2절의"네 시작은 미약하였으나 네 나중은 심히 창대하리라"라는 말은 빌닷이 한 말이고, 결국 그 말대로 욥은 나중에 심히 창대해졌다.

나는 욥의 말년의 축복을 현대의 축산 농장의 실제 숫자로 계산해 본 적이 있다. 42장 12절 "양 14,000마리와 낙타 6,000마리와 소 1,000마리와 암나귀 1,000마리"를 주셨는데 처음 재산의 두 배이다. 저렇게 많은 양떼와 낙타와 소와 암나귀들을 방목하려면 얼마나 넓은 땅이 필요할까 상상해 보았다.

현재 중국의 국민들 수준의 높아져 식생활이 다양하고 고급화되었다. 자급자족이 안 된다. 중국인들을 풍족하게 잘 먹이기 위해 중국 정부가 전 세계에서 먹을거리를 수입한다.

중국 인구가 13억인데 상상이 안 될 정도의 쌀과 밀가루와 생선들을 먹는다. 특히 육식 고기를 좋아해서 돼지고기와 소고기, 양고기를 아주 많이 먹는다. 육가공품을 수입할 뿐만 아니라, 직접 외국의 넓은 땅을 사서 직접 재배 관리한다. 멕시코와 브라질과 호주의 많은 농지와 목초지를 사서 원격 농업과 축산을 한다.

호주에서는 우리나라보다 몇 배 더 큰 훨씬 더 땅과 소떼들을 방목하는 목장들을 많이 샀다. 그리하여 안정적으로 소고기를 중국으로 수입해 가고 있다.

호주에서 '소 10만 마리를 방목하는 목장의 크기가 사막과 흩어진 목초지 때문에 한반도보다 더 큰 땅이 있다'라는 기사를 본 적이 있다. 옛날에는 "양 14,000마리와 낙타 6,000마리와 소 1,000마리와 암나귀 1,000마리"의 그 많은 양들과 낙타들과 소들과 암나귀들을 방목해서 키웠다. 먹이고, 지키고, 새끼를 낳을 때마다 어미와 새끼를 돌보고, 짐승들이 병들고 안 먹으면, 치료해 주어야 하고, 보살펴 주어야 한다.

양 14,000마리를 방목할 넓은 땅과 축사를 생각하면 1개 시 정도의 크기 축산 농장이 있어야 한다. 낙타 6,000마리를 넓은 초원에 방목해서 관리하려면 또 1개 시 정도의 크기의 땅이 있어야 한다. 소 1,000마리를 초원에 방목해서 키우려면 1개 시 단위 정도의 크기가 필요할 것이다. 나귀 1,000마리를 키우려면 역시 1개 시 단위 정도의 큰 땅들이 있어야 할 것이다.

그러면 목장의 크기를 작게 생각해도 대략 경기도 절반 정도의 큰 땅이 있어야 안정적으로 관리할 수 있을 것 같다. 미국 와이오밍 주에서 9만 마리의 소를 키우는 목장을 TV에서 본 적이 있다. 면적이 서울 정도 크기로 카우보이가 끝까지 갔다 오려면 말 타고 3일을 가야 하는 크기라 한다. 상상만 해도 엄청난 방목 소목장의 크기이다.

그리고 그 많은 동물들을 먹이고 젖 짜고, 털 깎으려면 얼마나 많은 직원들이 있어야 하겠는가? 한 사람이 100 마리씩 관리한다면 대략 200명 × 3교대 = 600명의 직원 수이다.

그 직원들에게 5명의 가족이 딸려 있다면 3천 명의 대 가족을 욥이 먹여 실리는 것이다.

두 번째, 악한 왕을 치료하기 위한 중보 기도도 하나님이 들으신다. 북 이스라엘의 이야기이다. "여로보암 왕이 하나님의 사람에게 말하여 이르되 청하건대 너는 나를 위하여 네 하나님 여호와께 은혜를 구하여 내 손이 다시 성하게 기도하라 하나님의 사람이 여호와께 은혜를 구하니 왕의 손이 다시 성하도록 전과 같이 되니라"(열왕기상 13:6).

솔로몬 왕이 말년에 후궁들에게 마음을 빼앗기고 우상 숭배에 참여했다. 하나님이 에돔사람 하닷과 신하 느밧의 아들 여로보암 같은 대적들을 일으켜 솔로몬의 마음을 돌이키려 하였다. 솔로몬이 아버지 다윗과 달리 돌이키지 않아 결국 남과 북 두 나라로 갈라지게 되었다.

북쪽 이스라엘은 선지자 아히야를 통하여 여로보암에게 10개 지파를 나눠 주어 나라를 세우게 하셨다. 여로보암 왕은 하나님의 선한 뜻을 무시했다. 북쪽 나라를 세운 뒤에 백성들이 성전 제사를 드리러 예루살렘 성전에 올라간 뒤 마음이 변할까 봐 걱정이 되었다. 백성들이 변심하여 유다의 왕 르호보암에게로 돌아갈까 봐 걱정했다. 그래서 벧엘과 단의 두 군데에 제단을 만들어 두 금송아지 우상을 세우는 죄를 범한다.

마치 출애굽후 광야에서 금송아지 우상을 만들어 경배한 것과 같은 죄를 범한 것이다.

레위지파 제사장들이 모두 남 유다로 가버려서 제사장을 할 사람이 없었다. 때문에 제사장을 하기 원하는 보통 백성들을 세워 우상의 제사장을 만들었다.

하나님은 그들을 돌이키기 위해 한 선지자를 북쪽 여로보암 왕에게 보낸다. 그 선지자에게는 특별한 명령을 내린다. 여로보암 왕이 하나님의 뜻을 혹시라도 곡해하지 않도록 먹지도 마시지도 말고 왔던 길로 돌아가지 말고 다른 길로 돌아오라고 하신다. 그 선지자가 벧엘에 이르러 제단아 갈라져라 하고 예언하니 제단이 갈라지며 그 위의 재가 쏟아진다. 여로보암 왕이 대노하여 제단에서 손을 뻗어 그 선지자를 잡으라고 명령하니 왕의 뻗은 손이 그대로 마비되어 굳어져 버렸다.

열왕기상 13장 6절에 여로보암 왕이 놀라서 그 선지자에게 자기 손이 정상으로 돌아오도록 중보 기도를 해 줄 것을 간청한다. 선지자가 여호와께 여로보암 왕을 위하여 은혜를 간구하니 왕의 손이 전과 같이 회복된다. 이 선지자는 왕이 예물을 주고 식사를 같이하자는 요청을 과감히 뿌리치고 다른 길로 돌아온다. 여기까지는 잘했는데 그다음에 하나님의 명령을 받지 않은 한 늙은 선지자에게 속아버린다.

우상 숭배 하는 북쪽 이스라엘 사람들이 하나님의 엄중한 경고를 오해하지 않도록, 거기서는 절대로 밥 먹지 말라는 엄중한 하나님의 명령을 어긴다. 그 늙은 선지자의 집에 들어가서 출출한 배를 채우고, 왕 앞에서 긴장하여 갈증으로 칼칼한 목을 물을 마시고 해결한다. 그 뒤 집으로 돌아오는 길에 하나님이 예비한 사자를 만나 결국 목숨을 잃고 만다.

하나님은 북쪽 이스라엘이 돌이키지 않으면, 우상 숭배로 결국 멸망할 것을 말씀하셨다. 그들을 긍휼히 여겨서 돌이키도록 먼저 한 이름 없는 선지자에게 막중한 책임을 주어 경고를 보내신 것이다. 그 이름 없는 선지자를 시작으로 하나님은 다른 선지자들, 엘리야와 엘리사, 요엘, 요나, 아모스, 호세아, 이사야, 미가까지 많은 선지자들을 보냈다. 하지만 한 번 우상에 빠진 북쪽 이스라엘 왕들과 백성들은 멸망 당할 때까지 무려 209년 동안 계속 하나님의 돌아오라는 간곡한 요청의 명령을 계속 거절하였다.

209년 후에 결국 북쪽 이스라엘은 앗수르왕 살만에셀에게 멸망 당해 역사에서 사라졌다. (왕하17:6)

하나님은 우리들에게도 애매한 고난과 심각한 질병과 뼈아픈 실패와 억울한 교통사고를 당하도록 허락하실 때가 있다.

우리는 그 이유를 모른다. 억울한 일을 당할 때 왜 나에게 그런 일이 생겼는지 하나님께 따지는 기도를 할 수 있다.

그러나 그럴 때에도 우리는 하나님의 주권을 인정해야 한다.

"질그릇 조각 중 한 조각 같은 자가 자기를 지으신 이와 더불어 다툴진대 화있을진저 진흙이 토기장이에게 너는 무엇을 만드느냐 또는 네가 만든 것이 그는 손이 없다 말할 수 있겠느냐?"(이사야 45:9)

인생의 산을 오르는 법과 내려가는 법
– 야곱의 축복권

"우리가 주목하는 것은 보이는 것이 아니요 보이지 않는 것이니 보이는 것은 잠깐이요 보이지 않는 것은 영원함이라"(고린도후서 4:18)

등산을 좋아해서 여러 산을 가 보았지만, 가 본 산 중에 지리산을 제일 좋아한다. 지리산 중에서도 천왕봉을 제일 좋아한다. 시간이 없어 자주 가지는 못한다. 천왕봉 올라가는 코스가 백무동 코스, 중산리 코스, 뱀샛골 코스, 피아골 코스, 노고단 코스 등 아주 많은데, 백무동 코스를 선호한다. 그 코스가 가장 높기도 하고, 올라가는 코스의 여정도 아주 다양하다.

보통 백무동 계곡에서 아침 일찍 올라간다. 대략 올라갈 때 7㎞ 정도의 거리 정상에 있는 장터목산장까지 올라간다. 올라가는 길이 1/3은 바위 산길이지만 경사가 완만해서 올라갈 만하다. 중간 약수

터가 있어서 약숫물을 마시고 난 뒤, 이어지는 가파른 바위 계단길이 좀 힘든 난코스이다. 숨이 차고 무릎 아프고 힘이 든다.

등산하는 사람들은 힘들어도 이런 코스를 좋아한다. 등산은 힘들어야 등산하는 맛이 난다. 산이 너무 밋밋하면 솔직히 등산 같지 않아서 재미가 없고 지루하기만 하다.

2/3 지점을 넘으면 그 뒤에는 조금 밋밋한 능선길이다.

지쳐있는 상태에서는 능선길이 고맙기만 하다. 처음부터 능선길이라면 재미가 없겠지만 몸이 지친 상태에서는 능선길이 너무 반갑다. 약간씩 오르락내리락하는 이런 능선 길을 한참 가면서 '왜 이렇게 정상이 멀기만 하냐' 하고 속으로 투덜대기도 한다. 한 시간 넘게 가다 보면 어느 순간 반가운 장터목산장 지붕이 눈에 들어온다. '너무 반갑다. 이제 다 왔구나.' 하면서 젖 먹던 힘까지 내서 산장 안에 들어가 배낭을 내려놓고 털썩 주저앉아 쉬게 된다.

천왕봉 정상은 장터목산장에서도 한 시간을 더 가야 한다. 왕복하면 두 시간 거리이다. 힘들거나 지쳐 있을 때에는 천왕봉 정상은 패스하고 다시 하산한다. 장터목산장에서 미리 준비해 간 점심 식사를 하고 대개는 다시 하산한다. 남산이나 북한산 같은 동네 뒷산은 누구나 체력 훈련 없이도 잘 올라갔다가 잘 내려온다.

지리산은 정상까지 다녀오려면 평소 훈련이 좀 필요하다.

물론 그냥 갈 수도 있지만 사람에 따라서 하산할 때 위험할 수도 있다. A 의사 친구 한 명과 같이 지리산에 갔다가 저혈당과 저혈압성 심장 발작이 와서 위험했던 적이 있다.

숨을 헐떡이면서 호흡 곤란이 왔다. 얼굴이 하얘지면서 푹 주저앉는 것을 보고 놀랐다. 다행히 정신을 잃지는 않았다. 물 마시고 사탕을 먹고 좀 쉰 다음 회복이 되었다. 그 뒤부터 그 친구는 높은 산에는 안 올라간다.

아시다시피 등산은 올라갈 때보다는 내려올 때가 더 위험하다. 대부분의 등산 사고는 오르막길에서는 별로 없다. 거의 대부분의 중대한 사고들은 하산길에 발생한다.

체력이 먼저 고갈된다. 저체온증도 자주 발생하고, 저 혈당이나 저혈압성 쇼크도 가끔 생긴다. 하산길은 지친 상태에서 무릎과 발목에 더 많은 몸의 하중이 집중된다. 바위산 길에서 미끄러지기 쉽다. 착지를 잘못하여 발을 헛딛기도 한다. 발목이 뒤틀려서 발목 염좌가 오기 쉽다. 발목에 힘이 잘못 전달되어 발목이 뒤틀리면 인대 손상이 온다. 발목이 삐면 통증이 생겨 아파서 걸음을 걷기 힘들어진다. 발목에 힘을 줄 수 없어 이차적 부상을 당하기 쉽게 된다.

나도 하산길에 우측 발목을 삐어서 무려 1년간을 통증으로 고생한 적이 있다. 무거운 배낭을 메고 있다면 더 위험하다. 가끔 술 취한 등산객들이 하산하다 큰 사고를 당하는 원인이 된다. 그래서 높은 산을 오를 때에는 반드시 하산할 때 조심해야 한다. 하산하는 방법이나 사고를 방지하는 요령을 배운 뒤에 등산하는 것이 사고를 예방하는 안전한 길이다.

우리는 어릴 때부터 인생의 정상을 향하여 빨리 올라가는 것만을 학교와 가정에서 배운다. 누구도 실패를 먼저 가르쳐 주지 않는다. 인생의 산길에서 실패했을 때 어떻게 산을 내려와야 하는지에 대해서는 공식적인 교육이 없다.

각자 자기가 알아서 경험으로 배우는 길 외에는 없는 것 같다. 누구도 실패라는 것을 좋아하지 않는다. 실패하기를 바라지 않는다. 실패에 대해 미리 말하는 것은 금기처럼 되어 있다. 그러나 인생길을 마냥 언제까지 올라갈 수만은 없다.

길은 어느 길이나 본래 오르막과 내리막이 있는 법이다. 설령 남보다 빠르게 정상 정복을 했다 하더라도 반드시 하산해야 한다.

성경에서 보면 인생의 하산길에서 쓴맛을 제일 많이 본 대표적인 인물은 야곱이다. 창세기 47장 9절에 야곱은 애굽의 바로왕 앞에서 "내 나그네 길의 세월이 130년 이니이다. 내 나이가 얼마 못되니 우리 조상의 나그네 길의 연조에는 미치니 못하나 험악한 세월을 보내었나이다." 하고 야곱이 바로왕을 축복한다. 야곱은 누구보다도 험악한 인생의 부침을 겪었다. 고통을 많이 겪었지만, 그 고통의 열매로 축복권을 얻었다.

야곱이 얍복 강가에서 하나님과 씨름할 때 하나님이 져 주셨다. 하나님을 이겼지만 야곱의 허벅지 관절을 쳐서 고관절 탈구를 시켰다. 이로 인해 야곱은 생명은 건졌지만, 남은 인생 동안 다리를 저는 장애자로 살아갔다. 그리고 이스라엘(하나님과 겨루어 이김)이란 이름을 얻었다. 이는 야곱에게 12명의 자식들을 통해 이스라엘 12지파를 만들어 축복할 수 있는 축복권이 생겼다는 것이다.

성경에 많은 축복의 장면이 나온다. 그중 최고의 장면이 창세기 49장의 축복, 야곱이 147세에 죽기 전에 12명의 자식들을 축복하는 장면이다. 야곱은 아버지 이삭보다 더 험악한 인생을 살았기에 이스라엘 12지파의 조상이 되었다.

하나님의 마음에 합한 자가 된 다윗도 야곱만큼은 아니다.

다윗도 굴곡 많은 험한 인생을 살았다. 다윗은 왕이 되기까지 13년 이상을 광야 생활을 해야 했다. 왕이 된 후에는 자신과 자녀들의 성범죄와 살인 사건들을 겪어야 했다. 아들의 반란을 피해 맨발로 울며 왕궁에서 피난을 가야 했다.

하나님은 사도행전 13장 22절에 그런 파란 많은 "다윗을 보며 하나님은 내 마음에 맞는 사람이라 내 뜻을 다 이루리라"라는 영광스러운 말씀을 하셨다. 야곱이나 다윗의 공통점은 인생의 산을 내려올 때에 하나님 앞에서 즉시 회개했다는 것이다. 둘 다 겸손했다는 것이 특징이다.

믿음의 조상들은 우리에게 인생의 산을 올라갈 때에 정상에서 끝나지 않는다는 것을 알려준다. 반드시 다시 내려갈 때가 있다는 것을 가르쳐 준다.

전문 등산가들만 올라가는 에베레스트 등산을 예로 들면 네팔 정부는 1년 연중 입장 가능한 등산가 수를 제한한다. 300명 정도만 허가를 내준다. 그들이 정상 등정에 성공한다. 그들은 입장료로 몇 천만 원을 네팔 정부에 지불한다. 주로 봄, 여름에 등반한다. 기상이 나쁜 가을, 겨울은 위험해서 피한다.

불행히도 매년 그중 평균 7명 정도는 하산 도중에 생명을 잃는다.

우리나라에도 인생의 정상, 높은 사회적 성공을 이룬 사람들이 인생의 하산길에서 큰 사고들을 만나는 것을 종종 본다. 그럴 때 스스로 그것을 극복하지 못하고 더 큰 죄를 짓는 것을 본다. 다른 죄를 짓거나 극단적인 방법으로 문제를 해결하려고 한다. 결국 돌이킬 수 없는 마지막 죽음의 길, 자살이라는 최악의 선택하는 것을 뉴스에서 본다.

10년이 넘게 오랫동안 같이 국내 의료 봉사를 했던 한 친구 같은 C 교인이 있었다. 그런데 어느 날 그가 인생의 하산길에서 그런 극단의 선택을 한 경우를 보았다. 너무나 마음이 아프고 슬픈 인생이었다. 인생의 하산길에 대해 누구도 예외 없이 배울 것은 배워야 한다. 인생의 산을 내려오는 것이 힘들지만 모두가 경험하는 필수의 과정이다.

그 실패의 길에서 단지 피조물이라는 인간의 정체성과 겸손과 눈물의 의미를 깨닫는다. 창조주에게 더욱 다가 갈 수 있는 새길이 있음을 배우는 광야 학교 학생이 되기 때문이다.

광야 하산 학교를 잘 이수하면 우리에게 "위로자"라는 선물이 주어진다. 야곱이 자식들을 하나님의 권능으로 축복했던 것처럼, 다윗이 아들 솔로몬을 축복했던 것처럼 우리도 자녀들과 우리 주위 고난의 하산 길에 있는 사람들을 위로할 수 있다.

동병상련으로 공감하고 위로할 수 있다.(고후 1:4), 긍휼의 마음으로 도울 수 있다. 그들을 그리스도께 인도하는 축복의 통로로 쓰임 받을 수가 있다.

"우리의 모든 환난 중에서 우리를 위로하사 우리로 하여금 하나님께 받은 위로로써 모든 환난 중에 있는 자들을 능히 위로하게 하시는 이시로다"(고린도후서 1:4)

겸손을 배울 수밖에 없는 이유
- 자칭 의인은 없다

"미쁘다 모든 사람이 받을 만한 이 말이여 그리스도 예수께서 죄인을 구원하시려고 세상에 임하셨다 하였도다 죄인 중에 내가 괴수니라"(디모데전서 1:15)

예전에 들은 이야기이다. 어떤 예술가가 외국에 유학을 가서 대학을 졸업하였다. 그 뒤 수재들만 들어가는 대학원 시험을 치렀다가 떨어졌다.

대학원 진학에 실패한 그는 깊은 좌절에 빠졌다. 고민 끝에 모든 것을 포기하여 접고 귀국하려고 결심했다. 귀국하기 전에 자신을 가르쳤던 대학 교수에게 마지막 인사를 하러 갔다.

그 교수는 이 학생에게 이렇게 말했다.

"1년 더 늦게 천천히 걷는다고 머나먼 인생길에 그리 늦는 것은 아니라네. 먼 훗날 사람들이 기억하는 것은 자네의 작품일 뿐이라네. 아무도 자네가 실패했던 과거를 기억하지 않는다네." 그런 쓰디

쓴 약과 같은 자신의 이야기를 들려주었다.

그는 다시 마음을 잡아 열심히 노력해서 그 다음해에 대학원에 진학했다. 그리고 성공하여 겸손한 예술가가 되었다.

성경에서 보면 많은 믿음의 사람들이 심각한 인생의 실패를 경험했다. 홍수의 심판에서 구원받은 노아도 술에 취하여 실수하였다. 그의 아들인 함도 실수를 했다. 그들의 후손들도 바벨탑을 쌓았다. 잘못을 범하여 언어의 혼잡이 생겼다.

아브라함도 실수와 잘못을 하였고, 사라도 실수하였으며, 이삭도 실수하였다. 롯도 실수하였고 롯의 아내도 실수와 불순종을 하여 소금 기둥이 되었다.

야곱도 실수와 잘못을 하였고, 야곱의 아내들도 실수하였다. 야곱의 아들들도 실수와 범죄를 저질렀다. 요셉은 평생 거의 실수를 하지 않았다. 그렇지만 아버지 야곱이 죽기 전에 두 아들에게 아버지의 축복을 받게 하려고 데려가서 아버지의 오른손을 장자에게, 왼손을 차남에게 얹도록 하였다. 아버지 야곱은 요셉의 의도와는 다르게 손을 엇바꾸어 얹고 차남에게 더 큰 축복을 내렸다.

모세도 실수와 살인의 죄와 불순종의 잘못을 하였다. 여호수아도 실수하였다. 바락, 기드온, 입다, 삼손 같은 위대한 사사들도 실수와 잘못과 죄를 지었다.

사울왕도 실수와 죄와 불순종의 잘못을 하였고, 다윗왕도 실수와 범죄와 잘못을 여러 번 하였다. 솔로몬왕도 말년에 우상 숭배의 죄를 지었다. 성경에 나오는 거의 대부분의 사람들이 실수와 잘못과 죄를 지었다. 하나님은 그들이 회개할 때 그들의 죄와 실수, 잘못들을 용서하셨다. 평생 큰 실수와 잘못, 범죄를 짓지 않은 사람을 찾기 어렵다.

우리도 예수님을 인격적으로 만나고, 성령으로 거듭날 때 성령께서 죄를 깨닫게 하신다. 우리가 본래 착한 사람이 아닌, 흉악한 죄인이라는 것을 알게 된다.

우리는 단지 용서받은 죄인일 뿐이다. 예수님의 대속으로 말미암아 지옥의 형벌을 면제받았다. 예수님의 의를 덧입은 칭의자에 불과하다는 것을 인정할 때, 우리는 좀 더 예수님을 인격적으로 닮아 갈 수 있다.

디모데전서 1장 15절의 사도 바울의 "죄인 중의 내가 괴수니라"라는 고백이 사도 바울만의 고백이 아닌, 나 자신의 고백이 될 때 우리는 예수님을 제대로 알아 가고 있는 것이다.

우리는 예수 그리스도 안에서 의인으로 남을 심판하고 판단하는 재판관이 아니다. 죄를 지었지만, 형의 선고와 벌의 집행을 면제받은 사면 자들일 뿐이다.

사도들 예수님의 12명 제자들은 자신들이 구원받고 용서받은 죄인들이라는 것을 누구보다 더 확실히 알았다. 자발적으로 복음을 위하여 전부 순교하였다. 인간으로서는 비참하게 죽었다. 기독교 교리를 완성하고 평생 이방인들에게 복음을 전한 사도 바울도 로마에서 순교하였다. 바울도 인간적으로는 비참하게 죽었다.

그들뿐만 아니라 초대교회 그리스도인들도 거의 대부분이 간적으로는 비참하고 불쌍한 생활을 하였다. 히브리서 기자는 히브리서 12장에서 말한다. "또 어떤 이들은 조롱과 채찍질뿐만 아니라 결박과 옥에 갇히는 시련도 받았으며, 돌로 치는 것과 톱으로 켜는 것과 시험과 칼로 죽임을 당하고 양과 염소의 가죽을 입고 유리하여 궁핍과 환난과 학대를 받았으니, (이런 사람은 세상이 감당하지 못하느니라) 그들이 광야와 산과 동굴과 토굴에 유리하였느니라"라고 말씀하였다.(히브리서 12:36-38)

이제 그분들은 천국에서는 영원히 빛나고 있다.

"동이 서에서 먼 것 같이 우리의 죄과를 우리에게서 멀리 옮기셨으며"(시편 103:12)

사명 완수자(예후)와
예배자(다윗)는 완전히 다르다

"여호와께서 예후에게 이르시되 네가 나보기에 정직한 일을 행하되 잘 행하여 내 마음에 있는 대로 아합의 집에 다 행하였은즉 네 자손이 이스라엘 왕위를 이어 사대를 지내리라 하시니라"(열왕기하 10:30)

한 사람 레갑의 아들 요나답의 결심으로 그 가문은 다윗 가문과 같이 영원히 끊어지지 않는 명문 가문이 되었다.

하나님은 엘리야를 통하여 악한 아합 왕을 심판하기 위해 예후를 기름 부어 이스라엘 왕으로 세우라는 사명을 주신다.(왕상19:16) 엘리야는 엘리사에게 기름 부어 자신의 후계자로 세우고 군대 장관인 예후를 이스라엘의 왕으로 세우도록 한다. 엘리사는 선지자 중의 젊은 한 명에게 이 사명을 맡긴다. 장군 예후를 기름 부어 쿠데타를 일으키게 하여 아합의 가문을 멸하게 한다.(왕하9:6) 하나님께서 저주한 아합에 속한 자들 모두를 전멸 시키는 사명을 완수한다.(왕상 21:21, 왕하10:7-17)

예후는 두 번째 사명인 바알의 제사장들을 멸망시키는 사명도 완수한다.(왕하 10:25-27) 바알의 제사장들을 죽이고, 바알의 목상을 불사르고, 바알의 신당을 헐어 변소를 만든다. 이스라엘 전국의 바알 우상 숭배를 없앤 것이다.

예후는 사명을 완수했지만 잘못한 게 있었다. 아합의 왕자 70인을 죽이면서 하나님을 높이지 않았다. 그들의 머리들을 성문 어귀에 쌓아놓고 백성들로 하여금 자신을 두려워하게 만들었다.

바알 신당을 헐었지만 여로보암의 죄, 즉 하나님의 율법을 지켜 행하지 아니하는 죄에서는 떠나지 못했다. 자신의 왕조가 4대 만에 끝나게 만드는 원인을 제공한다.

예후는 일을 잘 했으나 전심으로 율법을 지키지 않았다. 하나님을 실망시켰다. 하나님의 뜻은 심판이 아닌 구원이 목적이다. 하나님의 마음을 율법을 통해 주신 뜻을 헤아려야 한다.

하나님과 함께 걸어가라. 정당성을 가져라. 하나님을 두려워하여야 한다. 예후는 자신의 정치적 기반을 위해 아합의 자손들을 죽여 자신의 정적들을 제거하였다. 바알 제사장들까지 죽여 종교적 권력까지도 잡았다.

여로보암의 죄는 하나님께 향하는 백성들의 마음을 여로보암 자신에게 돌리는 죄였다. 지금도 성도들의 마음을 자신에게 집중하게 하는 사람이 있다면, 하나님이 받으셔야 할 영광을 가로채는 사람이 있다면 그는 여로보암의 죄를 짓는 것이다.

예후는 철저히 하나님의 명령을 수행했다. 아합과 바알 숭배자들을 죽여 복수했으나 예배가 없는 삶이었다. 율법을 무시하는 죄를 지은 것이다.

레갑의 자손 여호나답(요나답)은 본인뿐만 아니라 그 후손들이 대를 이어 선조의 유언을 지켰다. 예후의 후손들과는 다르게 조상의 유지를 잘 지켰다. 성경은 그것을 강조한다. "레갑의 아들 요나답이 그의 자손에게 포도주를 마시지 말라 한 그 명령은 실행되도다 그들은 그 선조의 명령을 순종하여 오늘까지 마시지 아니하거늘 내가 너희에게 말하고 끊임없이 말하여도 너희는 내게 순종하지 아니하도다"(예레미야 35:14)라고 레갑의 후손들을 칭찬하셨다.

그 후 300년을 더 내려가서 예레미야 시대까지도 자기 조상 레갑의 유언을 준수했다. 구별된 자, 나실 인의 조상이 되었다. 예레미야를 통해 렙갑 자손은 영원히 하나님 앞에서는 축복의 가문이 되었다.

한 사람 여호나답의 결단을 하나님은 기뻐하신다. 예레미야 35장 19절에 보면 하나님은 "그러므로 만군의 여호와 이스라엘의 하나님께서 이와 같이 말씀하시니라 레갑의 아들 요나답에게서 내 앞에 설 사람이 영원히 끊어지지 아니하리라"라고 칭찬하셨다.

다윗은 하나님께 받은 사명도 완수했을 뿐만 아니라, 하나님의 율법을 사모하여 지켰다. 그 율법을 사랑하며 찬양하는 예배자와 찬양자로 일생을 살았다. 다윗도 많은 실수와 잘못과 간음, 살인죄를 지었다. 그는 즉시 회개하는 겸손한 믿음의 사람이었다. 그래서 하나님의 마음에 맞는 자라는 호칭을 얻게 되었다.(행 13:22)

우리도 하나님께 받은 사명을 완수할 뿐 아니라, 하나님을 기뻐하는 예배자가 되어야 한다. 예배자가 되는 것은 단지 입술로 찬양하는 것만을 의미하지 않는다. 행함과 진실함으로 겸손을 실천하는 자가 되어야 한다.

"사람아 주께서 선한 것이 무엇임을 네게 보이셨나니 여호와께서 네게 구하시는 것은 오직 정의를 행하며 인자를 사랑하며 겸손하게 네 하나님과 함께 행하는 것이 아니냐"(미가 6:8)

쿠데타로 대가 끊길 뻔 했던 다윗 왕조
- 언약을 지키시는 하나님

"아하시야의 어머니 아달랴가 그의 아들이 죽는 것을 보고 일어나 왕의 자손들을 모두 멸절하였으나"(열왕기하 11:1)

다윗이 성전을 지으려고 할 때 하나님이 그 마음을 기뻐하셨다. 선자자 나단을 통하여 다윗에게 약속하신다. 사무엘하 7장 16절을 보면 하나님은 "네 집과 네 나라가 내 앞에서 영원히 보전되고 네 왕위가 영원히 견고하리라 하셨다 하라"라고 언약을 주셨다. 하나님은 다윗의 많은 잘못과 죄와 실수에도 불구하고 다윗이 평생 하나님을 높이며, 하나님의 영광을 위하여 헌신한 것을 높게 칭찬하셨다.

그래서 다윗의 자손은 사울 왕의 자손과는 다르게 영원히 끊어지지 아니하였다. 심지어 예수님이 다윗의 후손으로 오실 것을 말씀하셨다. 그런데 솔로몬의 우상 숭배로 말미암아 나라가 둘로 갈라졌다. 북쪽 이스라엘과 남쪽 유다로 나누어졌다., 북쪽 이스라엘은 계속되는 쿠데타로 200년 동안 19대 왕까지 가다가 결국 앗시라아에 의해 멸망하고 만다.

남쪽 유다 왕국의 왕들도 하나님을 실망시키기는 마찬가지였다. 유다의 4대왕 여호사밧은 하나님을 잘 섬겼지만, 북쪽과 전쟁을 하지 않기 위해 인간적인 외교 방법을 썼다.

아합 가문과 사돈 관계를 맺었다. 자기 아들 여호람과 아합의 딸 아달랴와 혼인을 시킨 것이다.

그로 말미암아 남북의 전쟁은 멈추었지만 서로 동맹을 맺어 아람(앗시리아)과 전쟁을 치르게 된다.

유다 5대 왕인 여호사밧의 아들 여호람은 엘리야를 통하여 우상 숭배를 떠나지 아니하면, 창자 병이 생겨 죽을 것이라는 경고를 받았다.(대하 21:15) 그럼에도 2년이나 무시하다가 결국 창자가 썩는 병에 걸려 비참하게 죽었다.

여호람 왕의 아들 유다 6대 왕 아하시야는 아합의 아들 요람과 같이 길르앗 라못으로 가서 연합 동맹군으로 아람왕 하사엘에 대항하였다. 같이 싸우다가 남, 북 두 왕 모두 다 엘리야에게 준 3가지 사명 중 하나에 해당되는 일로써, 선지자를 통해 기름 부어 이스라엘의 왕이 되게 한 예후에게 죽임을 당한다.

자기 아들 아하시야가 예후에게 죽임을 당한 것을 안 여호람 왕의 왕비 아달랴는, 이에 하나님께 분노한다. 자기 친손자들을 전부 죽이는 살인극을 벌인다. 다윗 왕가의 맥을 끊고, 다윗의 후손이 아닌, 아합 가문의 딸 아달랴가 남 유다의 왕이 된다. 직접 6년이나 유다 왕국을 다스리는 비극이 일어난 것이다.

아달랴는 자기가 다윗 가문의 남자들을 전멸시킨 줄 알았다. 그런데 1살짜리 요아스 왕자는 하나님의 언약에 의하여 몰래 살려진다. 요아스의 고모가 되는 아하시야 왕의 누이이며, 제사장 여호야다의 아내인 여호세바가 몰래 요아스 단 한 명만을 빼내어 살린다. 자기 집인 여호와의 성전에서 6년을 몰래 양육하게 된 것이다.

여왕 아달랴는 바알 숭배자였기 때문에 성전에 발을 들이지 않았다. 요아스 왕자가 여호와의 성전에 숨어 있는 것을 알 턱이 없었다. 아달랴는 7년 통치 후에 드디어 악인의 심판을 받게 된다. 7년 뒤에 제사장 여호야다는 쿠데타가 실패하면 죽을 수도 있는 위험을 무릅쓰고 용기를 낸다.(대하 23:1) 가리사람 백부장들과 호위병의 백부장들을 불러 데리고 성전에 들어가 그들과 언약을 맺는다. 성정에서 맹세하게 한 뒤 요아스 왕자를 그들에게 보이고, 아달랴 여왕에 맞서 쿠데타를 일으키게 한다. 성전에서 왕위 즉위식을 거행하였다.

악한 여왕 아달랴의 폭정과 우상 숭배에 시달려 기쁨과 평안을 잃었던 유다 백성들이 환호한다. 다윗왕 후손인 요아스의 왕위 즉위식으로 인해 즐거워한다. 나팔을 불며 기뻐하는 소리에 아달랴는 반란이 났다고 놀라 자빠진다.

아달랴는 바알 우상만을 숭배했기에 여호와의 성전에 들어가 볼 일이 없었다. 여왕 아달랴가 처음으로 성전에 들어갔다가, 제사장 여호야다의 명령에 의해 군사들에게 잡혀 성전 밖에서 죽임을 당한다. 7년 동안 폭정에 숨죽이고 살았던 유다 백성들이 드디어 즐거워하고 환호한다. 온 예루살렘 성이 평안을 회복하고 누리게 된다.(왕하 11:20)

악의 세력들이 다윗 가문을 몰살시켜 하나님의 언약을 폐하고, 예수님이 오시는 길을 막으려 했다. 하지만 아브라함과 이삭과 야곱과 다윗의 언약에 신실하신 하나님이 한 생명을 숨겨 살려 내셨다.

하나님은 언약에 신실하신 분임을 증명한 것이다.

우리도 일생을 살면서 언약에 신실하신 하나님을 많이 경험하게 될 것이다.

"하나님은 사람이 아니시니 거짓말을 하지 않으시고 인생이 아니시니 후회가 없으시도다 어찌 그 말씀하신 바를 행하지 않으시며 하신 말씀을 실행하지 않으시랴"(민수기 23:19)

하나님께서 일을 시키실 때
우리의 대답과 하나님의 답변

1. 하나님께서 우리에게 또 일을 하라고 시키시면 왜 매번 나만
   해야 하냐고 저기 놀고 있는 다른 사람도 좀 공평하게 일을 시
   키시면 좋겠다고 불평할 때가 있다. 겉으로는 직접 말 못 하고,
   속으로 투덜거릴 때 하나님이 말씀하신다. :
   "너 말고도 일할 사람이 칠천 명이나 더 있으니 하기 싫으면 하
   지 말아라"(열왕기상 19:18)

2. 이제 저는 피곤해서 더 이상 못하겠습니다. 할 때 하나님이 말
   씀하신다. :
   "땅끝까지 창조하신 이는 피곤하지 않으시며, 피곤한 자에게

능력 주는 자는 하나님이시니, 31절 오직 여호와를 앙망하는 자는 걸어가도 피곤하지 아니하리로다"(이사야 40:28-31)

3. 저는 말을 잘 못 해서 일을 못 하겠습니다. 할 때 말씀하신다. :
"모세가 아뢰되 나는 본래 말을 잘하지 못하여, 입이 뻣뻣하고 혀가 둔한 자입니다 하니 여호와께서 그에게 이르시되 누가 사람의 입을 지었느냐, 너는 시키는 대로 하기만 하면 된다."(출애굽기 4:11)

4. 저는 재능과 은사가 없어서 못 하겠습니다. 하고 변명할 때 말씀하신다. :
"주인이 각각 그 재능대로 달란트를 맡겼다. 26절에 주인이 한 달란트를 받아 땅에 묻은 자를 책망하셨다. 이 무익한 종을 바깥 어두운 데로 내쫓으라."(마태복음 25:14-30)
"한 성령께서 그의 뜻대로 각 사람에게 나누어 주셨다."(고린도전서 12:11)

5. 저는 미련하고 신분이 천하며 가진 것이 없어서 일을 못 하겠습니다. 라고 변명할 때 말씀하신다. :
"하나님께서 세상의 천한 것들과 약한 것들과 천한 것들과 멸시받는 것들, 없는 것들을 택하사 지혜 있는 자들과 강한 자들과 있는 것들을 부끄럽게 하려 하신다."(고린도전서 1:27-28)

6. 저는 돈이 없어서 봉사 못 하겠습니다. 라고 할 때 말씀하신다. :
"네게 있는 것 중에서 받지 아니한 것이 무엇이냐 네가 받았은즉 어찌하여 받지 아니한 것같이 하느냐"(고린도전서 4:7)

7. 저는 지금 당장 급히 해야 할 일이 너무 많아서 못 하겠습니다. 라고 할 때 말씀하신다. :
"예수께서 이르시되 손에 쟁기를 잡고 뒤를 돌아보는 자는 하나님의 나라에 합당하지 아니하니라 하시니라"(누가복음 9:62)

8. 저는 나중에 은퇴 후에 봉사하겠습니다. 할 때 말씀하신다. :
"내일 일을 너희가 알지 못하는 도다 너희 생명이 무엇이냐 너희는 잠깐 보이다가 없어지는 안개니라"(야고보서 4:4)

내 원칙을 깨트려야
십자가의 은혜와 용서가 남에게 흘러간다

"예수께서 대답하여 이르시되 너희가 성경도, 하나님이 능력도 알지 못하는 고로 오해하였도다."(마태복음 22:29)

부활을 믿지 않는 사두개인들이 어느 날 예수님께 와서 질문을 하며 시험을 하였다. 마태복음 22장 24절에 "모세가 일렀으되 사람이 만일 자식이 없이 죽으면 그 동생이 그 아내에게 장가들어 형을 위하여 상속자를 세우라고 하였는데, 칠형제가 있는 어느 집안의 장남이 상속자가 없이 죽어 그 아내를 그 동생에게 물려주고, 그 둘째와 셋째로 일곱째까지 그렇게 하다가 최후에 그 여자도 죽었는데, 부활 때에 그 여자는 누구의 아내가 되리이까?"라고 하면서 어려운 질문을 한 것이다.

그들은 예수님이 대답을 못하고 쩔쩔맬 것을 기대했다. 의외로 예수님은 간단한 답변으로 그들의 입을 막아버린다.

결국 질문한 "그 무리가 듣고 그의 가르치심에 놀라더라" 하고 마무리된다. 모든 사람들은 인생을 살아가면서 자신만의 이성과 지식, 자신의 배움과 인생 경험에 근거하여 그 사람만의 독특한 가치관과 세계관을 형성하게 된다.

그것이 지극히 개인적인 것이 될 수도 있고, 집단적인 원칙과 문화적 가치관이 될 수도 있다. 세상 살아가는 일반 원칙들이 그럴 수도 있다. 또 기독교적인 종교적인 원칙들이 그런 바위산을 형성할 수도 있다.

대부분 좋은 것이지만, 때로는 그것이 깎아지른 바위산처럼 타인을 용납할 수 없는 단단한 편견의 요새를 형성할 수도 있다.

문제는 이런 인생의 원칙이 단단하면 단단할수록 그 원칙에 맞지 않는 남을 거의 수용할 수가 없게 된다는 것이다.

현재 어디를 둘러보아도 동서남북 사방에 보이는 것들, 남을 용납하지 못하는 것이 넘쳐난다. 다른 사람에게 비판의 칼을 들이대는 이유들이 넘쳐난다. 그 많은 것들이 내 원칙에 맞지 않는 남들의 행동이나 다른 소견 때문이다.

TV와 신문, 유튜브를 비롯한 각종 인터넷 뉴스들, 페이스북, 카톡 같은 SNS에 그런 기사와 그런 개인들의 의견들과 과격한 주장들이 넘쳐난다. 나는 인생의 롤 모델이 되는 몇 분을 인생 선배님으로 본보기 삼았다. 그분들의 장점만을 본받으려고 노력하고 있다.

그중 몇 분만 소개하겠다. 먼저 몇 년 전까지 일본에서 105세의
나이까지 현직 의사로서 환자들을 진료하다 세상을 떠난 분이다.
일본 의사 '히노하라 시게아키'라는 분이 있다.

그는 세이루카 국제 병원 이사장직을 수행하면서 105세 고령임에
도, 직접 환자들을 진료했다. 그 점을 본받고 싶다.

두 번째는 인도 출신 영국인 '파우자 싱'이라고 기네스북에 올라
있는 100세 마라토너가 있다. 부인을 먼저 떠나보낸 후 외로운 마
음을 달래기 위해 84세라는 고령의 나이에도 불구하고 마라톤을 시
작한 분이다. 100세에 런던 풀코스 마라톤을 7시간 만에 완주하여
세상을 놀라게 하였다.

세 번째는 인도인 중에 '다쉬라트 만지히'라는 분이다. 자기 아내
가 다쳤을 때 거리가 멀어 치료를 받지 못해 아내가 죽게 되었다.
그러자 멀리 돌아가는 산길을 혼자서 망치와 정만으로 22년간 바위
산을 뚫어 새길을 만들었다. 1982년 길이 100m, 폭 9m의 길을 만
들어 70㎞ 거리를 단축하여 5㎞만 가면 되도록 하였다.

네 번째는 75세에 사하라 사막 마라톤을 완주한 한국인 '이무웅'
씨가 있다. 많은 나이에도 젊은 청년들보다 투지가 대단하신 분이
다.

다섯 번째는 76세 중국인 '샤보위' 씨로 그는 26세에 에베레스트 등산 도중 동상으로 두 다리를 잃었다. 그는 낙심하지 않고 43년 만에 다시 도전해 성공했다. 두 다리 의족 산악인이다. 그분들을 보면서 그들의 투지와 장점을 배우려고 한다.

나는 날마다 새벽 기도회에 다니면서 간절히 기도하고 있다. 앞으로도 100세가 될 때까지 100세 의사처럼, 40년 더 의사로 활동하고 싶다. 의료 선교를 다닐 수 있으면 좋겠다는 소원을 하나님께 올려 드린다. 의료 선교가 내 삶을 풍요롭게 해서 보람과 즐거움을 선사할 뿐만 아니라, 의사가 된 것에 대한 가장 큰 기쁨을 느끼게 해 주기 때문이다.

우리는 사명 하나만으로 사명 완수를 위해 인생길을 멀리 오래 갈 수도 있다. 그러나 단지 사명만으로 멀리, 오래가는 것은 고생길, 고통의 과정이다. 사명뿐만 아니라 그 길에 기쁨과 즐거움, 보람, 행복과 감사가 같이 간다면 더 좋을 것이다.

마라톤 대회 출발선에 서면 항상 이번에도 무사히 끝까지 잘 완주할 수 있을까 하는 의구심이 항상 든다. 그래도 많은 사람들과 같이 뛰면서 가고 또 가다 보면, 어느새 피니쉬 라인에 다다르는 지점에 오게 된다.

목표를 향해 같이 가는 그 많은 사람들이 있기 때문에 갈 수 있다. 비록 그들을 모르지만, 잘 모르는 동반자들에게서 힘을 얻어 끝까지 가게 된다. 마라톤 대회가 고마운 이유는 혼자라면 갈 수 없는 불가능한 거리를, 같이 가는 많은 동반자들 때문에 끝까지 완주하게 되기 때문이다. 그래서 지금까지 풀코스 40번 동안 한 번도 중도 포기한 적이 없다.

감사한 것이 또 하나 있다. 마라톤을 하면서, 30㎞를 넘어 다리가 아프고 힘들어 지칠 때 십자가상 예수님의 고통을 생각할 수 있는 기회가 된다는 것이다. 마라톤 매력 중에 하나는 육체적 고통 가운데 기쁨과 즐거움, 보람이 있다는 것이다.

직접 참가해 보지 않은 사람은 이해하기 힘들 것이다. 실제로 진짜 매우 힘들어도 즐거움과 기쁨이 있다.

선교도 마라톤과 비슷한 면들이 많이 있다. 혼자라면 쉽게 갈 수 없는 길을 함께 가면 갈 수 있다. 교인들과 믿음의 동료들로 인해 끝까지 가도록 서로에게 힘을 공급해 준다.

그래서 100세까지 마라톤도 하면서, 더불어 의료 선교도 100세까지 할 수 있으면 좋겠다고 하나님께 소원을 말씀드리고 있다. 그것들은 기본적 소원 사항일 뿐 하나님께서 원하시면 오늘 당장 나를 오라 하셔도 기쁘고 감사하게 천국에 가고 싶은 소원도 있다. 선교를 갈 때마다 항상 이번이 제 생의 마지막 단선이 될 수도 있다는 생각을 해서 가기 전, 유서를 써놓고 떠난 적이 여러 번 있다.

그런 생각들이 서로 맞지는 않다. 하지만 어쨌든 오래 살며 남에게 선교하고, 봉사하는 것도 좋은 일이다. 또 하나님이 부르시면 오늘이라도 천국에 가면 더 좋겠다.

구약 욥기서의 마지막 부분에서 하나님은 욥의 세 친구들에게 노를 발하신다. 욥의 세 친구들이 저지른 가장 큰 실수가 자신들의 가치관과 지신들의 신앙 기준으로 욥을 판단했기 때문이다. 욥의 세 친구들은 모두 높은 도덕관과 인격, 연륜이 오래된 건전한 신앙관을 가지고 있었다.

그래서 그들은 본인들의 경험, 가치관과 신앙 기준에 의해 하나님의 대변인이 되어 욥을 비난했다. 그들의 주 비난 내용은 하나님의 선하심과 인간의 죄와 반역이었다. 그 말 자체가 틀린 말들은 아니었다. 신앙 교리와 세상 이치에 맞는 말들이었지만, 그것들이 욥에게는 해당되지 않는 자기들만의 생각이었기 때문이다. 그래서 그들의 자기 주관적 가치관은 하나님께 칭찬받지 못했다.

내가 만든 내 인생과 내 신앙의 원칙들을 끝까지 옳다고 생각할 수 있다. 성경 말씀처럼 지키고, 십계명에 목숨을 건 유대인들처럼 행동할 수도 있다. 하지만 남에게도 적용하고 싶다면 한 번쯤 생각해 봐야 할 것이다. 그것들이 복음의 은혜를 내 규칙의 성에 가두어둘 수 있기 때문이다. 내 원칙들이 십자가의 긍휼과 사랑을 가로막아서는 안 된다. 십자가의 사랑이 이웃에게 자연스럽게 흘러갈 수 없도록 막을 것이기 때문이다.

"내 종 욥이 너희를 위하여 기도할 것인즉 내가 그를 기쁘게 받으리니 너희가 우매한 만큼 너희에게 갚지 아니하리라 이는 너희가 나를 가리켜 말한 것이 내 종 욥의 말 같이 옳지 못함이라"(욥기 42:8)

십자가는 수치와 부끄러움에서 나를 자유케 한다

"믿음의 주요 또 온전하게 하시는 이인 예수를 바라보자 그는 그 앞에 있는 기쁨을 위하여 십자가를 참으사 부끄러움을 개의치 아니하시더니 하나님 보좌 우편에 앉으셨느니라"(히브리서 12:2)

우리가 예수님을 인격적으로 만났다는 것은 이제 예수님이 그 사람의 주인이라는 것을 깨닫게 되었다는 것이다. 예수 그리스도 안에서 과거의 자기를 버리고 새로운 성령의 사람이 되었다는 것이다. 성도로서 아직까지 성격이 병적으로 소심하거나, 열등감이 심하다면 생각해 보아야 한다. 아직도 남들에게 자기 자신을 오픈하는 것에 두려움을 가진 사람들도 자신을 돌아보아야 한다.

예전에 누가회 동료들과 같이 네팔 선교를 다녀온 적이 있었다. 현재 아프리카 스와질랜드(현 에스와티니) 의료 선교사인 김선영(충북대 내과 교수) 선교사 등 누가회 회원들과 함께 네팔에 갔다.

그리고 오랫동안 같이 간 분들을 만나지 못했다. 그러다 어느 날 우연히 김선영 교수를 만나게 되었다. 20년이 넘은 뒤임에도, 그분은 나를 기억해서 인사를 했다. 그런데 나는 그분을 한눈에 알아보지 못했다. 그때 같은 동료 의사를 알아보지 못한 것 때문에 마음속으로 부끄러웠다.

같이 여러 번 선교 팀 준비 모임을 했고, 네팔에서는 일주일을 함께 먹고 자며 여행을 같이 했었는데도 얼굴을 잊어버린 것이다.

사실 우리도 지금까지 수많은 성도들을 만나고 인사하기도 하고, 같이 여행을 하기도 한다. 교인들마다 다들 수천 명의 다른 교인들을 만났을 것이다.

머릿속으로 어느 날 천국 상상을 해 보았다. 천국에서 우리는 서로 다시 만나게 되었다. 어느 성도 분이 천국에서 나를 보고 반가워서 인사하였다. "여기서 다시 보니 너무 반갑습니다." 하고 말한다. 그런데 나는 앞서 동료 의사 선교사의 예처럼 제가 그분을 알아보지 못하였다. "아, 예. 저도 반갑습니다. 그런데 우리가 이디서 만난 사이인가요?" 하고 묻는다면 얼마나 어색하겠는가?

반대로 내가 어느 성도분을 알아봤지만, 그분이 나를 기억하지 못한다면 그분은 또 얼마나 당황스러울까? 물론 천국에서는 저희가 영적 존재로 변하기 때문에 누구든지 기억 못 하는 성도는 없을 것이다. 하지만 이 땅에서의 함께한 추억과 기억들이 천국에서도 영원히 이어진다면 얼마나 더 반가울까?

우리는 누구나 감추고 싶은 별로 자랑스럽지 못한 개인적인 면이 있다.

훌륭한 목회자들과 세상 적으로 성공하여 유명해진 믿음의 사람들도 예외는 아닐 것이다. 시골 출신일 수 있고, 집안이 가난해서 그럴 수 있다. 원했던 좋은 학교를 가지 못한 것, 부모 형제가 훌륭하지 못한 것, 공부를 잘하지 못했을 수도 있다. 남과 비교 의식이 있고, 열등감이 심하고, 자존감이 낮을 수도 있다. 성격이 내성적인 것, 부끄러움을 잘 타는 소심한 성격, 말을 잘 하지 못하거나 표현을 잘 못 하는 것도 있을 것이다. 현재 일을 쉬고 있거나, 본인 몸이 많이 아프거나, 임시 직장이거나, 가족 중에 어려운 일을 당한 사람이 있을 수도 있다. 하는 일이 자꾸 꼬여서 힘들 수도 있다. 인생의 큰 실패를 경험했거나, 수입이 적고, 빚이 있어 물질적인 어려움 가운데 있을 수도 있다. 욥기의 욥처럼 애매한 고난 가운데 인생의 어두운 터널을 홀로 외롭게 걸어가는 중일 수도 있다.

그러나 어떤 경우를 막론하고 성경을 통하여 위로를 받을 수 있다. 아무리 열등감이 심하고, 자존감이 낮아도 우리는 그리스도 안에서 새롭게 된다. 나도 아주 내향적이고, 열등감이 심하였다. 남들 앞에서 이름도 제대로 말하지 못하는 소심한 사람이었다. 그러나 지금은 내 안에 계신 예수님을 생각하면서, 창피해도 부끄러워도 용기를 낸다. 부족해도 말을 잘 못 해도 참고 극복하려고 노력한다.

사도 바울을 고린도후서 5장 17절에서 우리가 그리스도 안에서 새로운 피조물이 되었다고 말한다. 우리가 예수님을 따라서 제자가 되어 예수님처럼 자기 십자가를 짊어질 때, 그 십자가는 우리의 멍에가 되기도 하지만, 궁극적으로 우리 안에서 역사하는 하나님의 능력이 된다. 사도 바울은 "십자가의 도가 --- 구원을 받는 우리에게는 하나님의 능력이라"라고 말하고 있다.(고린도전서 1:18)

하나님의 능력에는 불가능이 없다. 예수님의 열두 제자들과 사도행전에 나오는 사도 바울과 동역자들이 그 증거이다.

죽을까 봐 무서워서 세 번이나 부인한 베드로와 다 도망간 제자들이 성령 강림을 통해 하나님의 능력을 힘입었다. 수치와 부끄러움과 욕설, 폭행과 인격 모독과 죽음을 무서워하지 않는 담대한 증인들이 되었다.

예수님을 믿을 때 우리가 즉시 바뀌는 것은 아니다. 그러나 하나님의 능력은 점차 우리 안의 열등감과 비교 의식과 내성적인 성격을 바꾸어 주신다. 남들 앞에서 말을 잘못하는 부끄러움, 낮은 자존감을 치유하기에는 하나님의 능력이 충분하다.

그 하나님의 능력을 체험하고, 그 하나님의 능력에 의지해서, 우리 인생의 무거운 짐을 예수님 앞에 내려놓을 수는 있다. 우리는 로마서 8장 말씀처럼 그리스도 안에서 자유함을 얻을 수 있다. "이는 그리스도 예수 안에 있는 생명의 성령의 법이 죄와 사망의 법에서 너를 해방하였음이라"(로마서 8:2)

사도 바울은 복음이 모든 믿는 자들에게 구원을 주시는 하나님의 능력이 됨이라고 말한다.(로마서 1:16) 복음을 듣고 예수 그리스도를 나의 구세주(Savior)와 주님(Lord)으로 영접했다는 말은 더 이상 내가 인생의 주인이 아니라는 말이다.

사도 바울은 이제 우리 삶의 주인은 그리스도라고 분명히 말하고 있다. "내가 그리스도와 함께 십자가에 못 박혔나니 그런즉 이제는 내가 사는 것이 아니요 오직 내 안에 그리스도께서 사시는 것이라 이제 내가 육체 가운데 사는 것은 나를 사랑하사 나를 위하여 자기 자신을 버리신 하나님의 아들을 믿는 믿음 안에서 사는 것이라"라고 분명히 말씀한다.(갈라디아서 2: 20)

예수 그리스도를 인격적으로 만난 사람은 자신을 십자가에 못 박는 사람이다. 내가 더 이상 내 인생의 주인이 아니라 오직 내 안에 계신 그리스도로 사는 사람이다. 예수님을 인격적으로 만나면, 성령이 우리 안에 거주하게 된다. 고린도전서 3장 16절의 말씀은 우리 안에 성령님께서 내주하신다고 말한다. "너희는 너희가 하나님의 성전인 것과 하나님의 성령이 너희 안에 계시는 것을 알지 못하느냐"(고린도전서 3:16)

우리가 하나님의 성전이 되었다는 말은 단지 우리가 거룩하게 경건하게 살아야 한다는 교리적인 말씀만은 아니다.

우리가 하나님의 능력으로 우리의 소심하고, 뒤로 숨기 좋아하는 내향적 성격까지 고침받을 수 있다. 성령의 전이 된 뒤에는 복음의 증인된 삶을 살기 위하여 자연스럽게 적극적이고, 외향적으로 바뀌게 된다는 것이다. 우리가 스위치 하나로 한순간에 바뀌는 것은 아니지만, 복음의 증인이 되기로 결심할 때 우리 안에 계신 성령께서 점차로 성격을 바꾸어 가신다.

예수님은 우리의 구원을 위해 상상을 초월하는 수치와 인격 모욕과 폭행과 사람만도 못한 짐승 취급을 참으셨다. 에베소서 5장 2절에서 성경은 예수님이 우리를 위해 짐승 제물처럼 희생 제물이 되셨다고 말씀한다. "그리스도께서 너희를 사랑하신 것 같이 너희도 사랑 가운데서 행하라 그는 우리를 위하여 자신을 버리사 향기로운

제물과 희생 제물로 하나님께 드리셨느니라."라고 말씀하셨다.(에베소서 5:2)

예수님은 우리를 위하여 부끄러움을 참으셨다. 히브리서 12장 2절에 "믿음의 주요 또 온전하게 하시는 이인 예수를 바라보자 그는 그 앞에 있는 기쁨을 위하여 십자가를 참으사 부끄러움을 개의치 아니하시더니 하나님 보좌 우편에 앉으셨느니라"라고 말씀하고 있다.(히브리서 12:2)

예수님이 우리를 위해 자존심과 수치심과 부끄러움을 참으셨다면, 우리도 예수님을 위해 부끄러움과 창피함을 참을 수 있어야 한다.

예를 하나 들어 보겠다. 주일 예배 시간에 수천 명의 교인들이 모여 있는 시간에, 누군가가 우리를 신성 모독죄로 강단에 불러낸다고 가정해 보자. 우리 얼굴에 침을 뱉고, 뺨을 때리고, 옷을 다 벗겨 맨몸으로 세웠다고 상상해 보겠다. 많은 사람들 앞에서 채찍질을 하면, 우리에게 고통과 수치심을 안겨준다면 과연 우리는 그 모든 모욕과 수치를 참을 수 있을까?

그런데 예수님은 그런 모든 수모를 우리를 위해 당하시고 참아 내신 것이다. 요한복음 19장 1절에서 "이에 빌라도가 예수를 데려다가 채찍질하더라 군인들이 가시나무로 관을 엮어 그의 머리에 씌우고 자색 옷을 입히고 앞에 가서 이르되 유대인의 왕이여 평안할지어다

하며 손으로 때리더라"라고 예수님은 빌라도에게 고통을 당하셨다고 말씀한다.(요한복음 19: 1-3)

마태복음 27장에 기록된 예수님의 고통을 보면 가히 상상이 안될 정도이다. "가시관을 엮어 그 머리에 씌우고 갈대를 그 오른손에 들리고 그 앞에서 무릎을 꿇고 희롱하여 이르되 유대인의 왕이여 평안할지어다 하며 그에게 침 뱉고 갈대를 빼앗아 그의 머리를 치더라 그들이 예수를 십자가에 못 박은 후에 그 옷을 제비 뽑아 나누고 거기 앉아 지키더라."라고 기록되어 있다.(마태복음 27장 29-30,35-36)

예수님이 그런 모욕과 수치와 고통을 바로 우리를 위하여, 나를 위하여 당하신 것이다. 우물가에서 예수님을 만난 사마리아 여인은 남편이 여섯이나 되는 부끄러운 여자였다. 남들의 눈을 피해 정오에 우물가에 물을 뜨러 나온 소심한 열등감과 낮은 자존감, 죄인된 자책감으로 사람 만나는 것을 싫어했다. 남과 말하는 것조차 꺼려하던 여자였다.

그런 내성적인 여인이 예수님을 만나 진리를 알게 되니 물동이를 버려두고 예수님을 증거하게 되었다. 대담하고 열성적인 증인으로 변하였다. 요한복음 4장 말씀에 "여자가 물동이를 버려두고 동네로

들어가서 사람들에게 이르되 내가 행한 모든 일을 내게 말한 사람을 와서 보라 이는 그리스도가 아니냐 하니"라고 기록하고 있다.(요한복음 4:28-29)

참된 진리이신 예수님이 내 안에 계시면 어떤 부끄러움과 소심한 내향적 성격도 바뀔 수 있다. 남들을 의식하는 눈으로부터 자유로워질 수 있다. 우리는 우물가의 여인처럼 자신을 드러내야만 한다. 그다음은 우리 안에 계신 주님께서 친히 부끄러움과 수치를 없애주실 것이다.

"진리를 알지니 진리가 너희를 자유롭게 하리라 그러므로 아들이 너희를 자유롭게 하면 너희가 참으로 자유로우리라"(요한복음 8:32,36)

복음과 성격
– 슬럼프에 빠졌을 때

"예수께서 이르시되 할 수 있거든 이 무슨 말이냐 믿는 자에게는 능히 하지 못할 일이 없느니라 하시니"(마가복음 9:23)

기독교 복음이 들어가면 나라와 사람들이 바뀌게 된다. 미신적이거나 퇴폐적, 원시적, 동물적인 문화와 관습, 나쁜 전통적인 제도들이 바뀌게 된다. 예수 그리스도의 복음, 성경의 말씀이 살아서 역사하는 놀라운 능력을 나타내는 것이다.

짐승과 동물을 신으로 숭배하거나 해와 달과 산과 물과 바위 돌나무 등을 우상으로 숭배했던 나라와 민족과 사람들이 변하게 된다. 그래서 짐승을 제물로 바치는 미신이 사라진다. 고려장을 한다든가, 식인의 습관이라든가 하는 것들이 사라진다. 살아 계신 하나님만을 섬기는 생명의 진리로 돌아오게 되는 것이다.

개인의 경우도 비슷한 경우를 겪게 된다. 술, 마약, 도박, 음란,

미신, 나쁜 버릇, 습관 등으로부터 벗어나게 된다. 선한 양심과 올바른 믿음을 가지고 건전한 신앙과 교양을 가진 모범적인 사람으로 변하게 된다.

하지만 믿음이 있다고 해서 모든 일이 잘되지는 않는다. 신앙생활에 충실한 자도 넘어질 때가 있다. 넘어졌을 때에 얼른 다시 일어나서 하나님을 바라보아야 한다. 실패했다면 다시 그분 앞에 나올 용기를 가지고 있어야 한다. 오직 하나님만이 유일한 우리의 해답이시기 때문이다.

하나님 앞에서 절망하고 실망하고 원망할 수도 있다. 그러나 그분의 전능하신 권능을 무시한다면, 우리에게 더 이상의 희망은 없다. 아니 영원한 심판과 절망뿐이다. 희망의 빛이 전혀 보이지 않는다 하더라도 우리 스스로 하나님께로부터 멀어지면 안 될 것이다. 설령 우리에게 사형의 판결이 내려졌다고 생각되더라도, 하나님의 자비 앞에 무릎을 꿇어야 한다. 그분에게 매달려서 회개와 간구의 눈물을 흘려야 한다.

이 세상에서 분명하게 붙들 가치가 있는 교훈을 찾는다면 절망 가운데서 하나님께 나아가야 된다는 것이다.

너무나 괴로워 죽음이 그리워질 때 바로 그 순간에도 우리는 하나님을 불러야 한다. 지옥에 한번 들어가게 되면 다시는 하나님의 음성을 들을 수 없게 된다.

역설적으로 내가 아직 하나님을 원망할 힘과 마음의 여유가 있다면 내가 아직 절망의 낭떠러지 끝에 다다르지 않았다고 보아야 한다. 얼마나 심각한지를 깨닫지 못하고 여전히 고난당할 만한 상황 가운데에 처해 있다고 보아야 할 것이다.

당장 기도 응답이 없고 느낌이 없을지라도 하나님께 매달려야 한다. 목숨을 걸고, 하나님의 음성을 들을 때까지, 그분이 주시는 평안을 맛보아 알 때까지는 멈추지 말고 앞으로 나아가야 한다.

"오라 우리가 여호와께로 돌아가자 여호와께서 우리를 찢으셨으나 도로 낫게 하실 것이요 우리를 치셨으나 싸매어 주실 것임이라 여호와께서 이틀 후에 우리를 살리시며 셋째 날에 우리를 일으키시리니 우리가 그의 앞에서 살리라"(호세아 6:1~2)

지금 경험하는 일들은 백년 후,
천년 후에는 작은 일이다

"아직 예수께서 말씀하실 때에 회당장의 집에서 사람들이 와서 회당장에게 이르되 당신의 딸이 죽었나이다 어찌하여 선생을 더 괴롭게 하나이까"(마가복음 5:35)

야이로라고 하는 회당장이 있었다. 어느 날 그의 12살 난 딸이 병들어 죽게 되었다. 너무나 다급해진 회당장 야이로는 예수님의 소문을 듣고, 예수님께 나아와 그 발아래 엎드렸다. 회당장 체면을 따질 때가 아니었다. 야이로는 단 한 번의 요청이 아닌, "많이 간구하며 절박하게 간청했다. "내 어린 딸이 죽게 되었사오니 오셔서 그 위에 손을 얹으사 그로 구원을 얻어 살게 하소서" 하면서 애타고 간이 녹는 심정으로 간절히 예수님의 방문을 요청하였다.(마가복음 5:23)

단번에 그의 절박함과 간절한 믿음을 보신 예수님은 그의 집으로 발길을 옮기셨다. 그런데 그런 절박한 순간에 또 한 가지 사건이 일어났다. 큰 무리가 예수님을 따라가며 서로 밀치고 밀치는 사이에 예수님은 누군가가 자신의 옷에 손을 대는 것을 알아차리신 것이다. 그 예상치 못한 사건으로 인해 예수님 일행의 다급한 발걸음은 멈춰지고 말았다.

예수님은 자신의 몸에서 치유의 능력이 나간 것을 스스로 아시고, 걸음을 멈추며 무리 가운데서 돌이켜 질문의 말씀을 하셨다.

"누가 내 옷이 손을 대었느냐?"

예수님이 누가 그랬는지 몰라서 물으신 것은 물론 아니었다.

아무 일 없다는 듯이 바삐 야이로의 집으로 갈 길을 가실 수도 있었다. 하지만 제자들과 무리들에게 중요한 교훈을 주시기 위해 멈추어 서서 일부러 물으신 것이다.

제자들은 수많은 무리가 밀치는 것을 보면서, 의아해서 물었다. "여짜오되, 이렇게 수많은 사람들이 에워싸 미는 것이 안 보이십니까? 당연한 것을 어찌 누가 내게 손을 대었냐고 물으시나이까?" 하고 도리어 반문하였다. 그때 12년을 혈루증으로 고생했던 이느 부정한 여인이 스스로 숨기지 못할 줄 알고 덜덜 떨면서 예수님 앞에 나와 엎드렸다. 그 손댄 이유와 곧 나은 것을 모든 사람 앞에서 고백하였다.

야이로의 딸이 태어나 기쁨의 잔치가 벌어졌을 12년 전으로부터, 야이로가 눈에 넣어도 아프지 않을 예쁜 외동딸로 인해 12년 동안 행복과 기쁨을 누렸다. 한편 반대로 이 여인은 혈루병으로 부정한 사람이 되었다. 한순간에 그 12년 동안 버림받은 인생이 되었던 것과 비교되는 극적인 반전이 이루어지게 되었다.

예수님은 여인을 나무라지 않고 이르시되 "딸아 네 믿음이 너를 구원하였으니 평안히 가라 네 병에서 놓여 건강할지어다" 하시면서 축복해 주셨다. 부정한 사람이 정상인을 만지면 안 되는 것이 율법이었다. 하지만 가족 간에 만지는 것은 율법이 허용이 하였기에, 예수님은 초면의 떨고 있는 그 여인을 안심시키기 위해 '딸아'라고 가족의 애칭을 쓰신 것이다.

반면 그 일로 인해 지체되는 동안에, 상황이 뒤바뀌게 되었다. 마가복음 5장 35절에 야이로의 집안에서 사람이 와서 회당장에게 말하기를 "당신의 딸이 죽었나이다. 선생님을 더 괴롭게 하나이까? 다 끝났습니다." 하면서 야이로에게 절망의 소식을 전하였다. 야이로는 그 말을 듣는 순간 절망했을 것이다. 이에 예수님과 함께 자기 딸의 사망 소식을 전해 듣고, 순간적으로 오열하며 절망에 빠져드는 야이로를 보시며, 이번에는 회당장을 위로 하신 것이다. 예수께서 그 하는 말을 곁에서 들으시고 회당장에게 이르시되 "두려워 말고 믿기만 하라 그리하면 딸이 구원을 얻으리라(막5:36, 눅8:50)"라고 말씀하셨다.

야이로에게는 자신의 인생이 끝난 것 같은 인간이 겪을 수 있는 최악의 순간이었다. 반면 하늘이 무너지는 것 같은 절망의 순간에 예수님은 너무 태연하셨던 것이다. 지금 벌어지고 있는 이 일이 인생의 마지막이 아니라고 말씀하셨다. 하나님의 아들이신 예수님을 믿는 자에게는 지극히 작은 일임을 주지시키신 것이다.

그리고 딸이 죽었기에 슬픔에 젖어 벌벌 떠는 회당장을 앞세워 걸어 집으로 가셨다. 이어 야이로의 집에 들어가신 다음 죽은 아이의 손을 잡고 일으키셨다. 죽은 "회당장의 집에 함께 가사 훤화함과 사람들의 울며 심히 통곡함을 보시고 들어가서 저희에게 이르시되 너희가 어찌하여 훤화하며 우느냐 이 아이가 죽은 것이 아니라 잔다 하시니 저희가 비웃더라 예수께서 저희를 다 내어보내신 후에 아이의 부모와 또 자기와 함께한 자들을 데리시고 아이 있는 곳에 들어가사 그 아이의 손을 잡고 가라사대 달리다굼 하시니 번역하면 곧 소녀야 내가 네게 말하노니 일어나라 하심이라."라고 아이에게 일어나라고 말씀 하셨다.

그 소녀는 즉시 일어나서 걷게 되었다. 성경은 38절에서 소녀가 즉시 일어났다고 말씀하신다. "소녀가 곧 일어나서 걸으니 나이 열두 살이라 사람들이 곧 크게 놀라고 놀라거늘 예수께서 이 일을 아무도 알지 못하게 하라고 저희를 많이 경계하시고 이에 소녀에게 먹을 것을 주라 하시니라."라고 기록하신 것이다. (마가복음 5:38~43)

12년 동안 외동딸로 인해 행복했던 회당장 야이로와, 같은 12년 혈루병으로 버림받은 비참한 인생을 살았던 두 여자의 인생이 뒤바뀌는 극적인 순간이었다. 예수님은 두 딸을 동시에 치료하시고 우리에게 결코 잊지 말아야 할 교훈을 주신 것이다.

인간이 경험할 수 있는 가장 불행하고 비참한 순간에도, 믿음 안에서 예수님과 동행하면 된다는 것을 말씀하신 것이다. 그 어떤 큰 사건이나 재난이든 예수님께는 지극히 작은 일이 될 수 있음을 알려 주신 것이다.

회당장은 자기 딸이 죽었다는 소식을 들었을 때는 잠시 하늘이 무너져 내렸다. 하지만 그다음 순간에 예수님으로 인해 다시 살아난 딸을 보며 기뻐하게 되었다. 그 시대의 모든 사람들이 죽었다. 그러나 혈루증 여인과 야이로와 그 딸은 천국에 있을 것이다.

천국에서 이천 년 전 야이로와 딸은 그때 사건이 작은 일이었다고 감사하면서 하나님께 영광을 돌릴 것이다.

야이로가 오늘 우리에게도 말할 수 있다면, "너희는 재난을 너무 두려워하지 말라 믿음 가운데 천 년 후에도 영원한 가치가 있는 일을 하라"라고 당부할 것이다.

"내일 일을 너희가 알지 못하는도다 너희 생명이 무엇이냐 너희는 잠깐 보이다가 없어지는 안개니라"(야고보서 4:14)

의술과 복음

"하나님의 지혜에 있어서는 이 세상이 자기 지혜로 하나님을 알지 못하므로 하나님께서 전도의 미련한 것으로 믿는 자들을 구원하시기를 기뻐하셨도다"(고린도전서 1:21)

실력 있는 유능한 의사의 의술은 그 사람의 말에 신뢰를 더해 줄 수 있다. 수준 높은 진료는 크리스천 의사의 믿음에 공감을 불러일으킬 수 있다. 대개는 환자들이 큰 감동을 받을 수 있다. 존경받는 의사가 환자에게 하는 말 한 마디 한 마디는 환자의 마음에 깊은 도전을 줄 수도 있다.

절박한 환자는 의사에게 전적으로 의지할 수 있는 것이다.

그러나 수준 높은 진료나 수술을 받았다고 해서 환자들이 감동 받아 개종하며 종교까지 바꾸지는 않는다.

진료 행위만으로는 개종하지 않는다.

구원하심의 주권은 의사들의 행위에 있는 것이 아니다.
보좌에 앉으신 하나님과 어린양께 있음을 잊지 말아야 한다.

의사의 진료는 하나님의 뜻 아래에서 행해져야 한다.
더불어 복음은 환자가 이해할 수 있는 언어로 전해져야 한다.

은퇴 목사님들
이야기

국내 농어촌 미자립 교회를 다니면서 알게 된 사실이 있다. 시골이나, 도시 작은 미자립 교회들의 경우 목사님들이 한 교회에서 20년 이상 목회를 하고, 70세에 은퇴를 해도 연금이 없다는 것이다. 그 교회들은 충분한 경제력이 없기 때문에 은퇴하신 원로 목사님에게 연금(생활비)을 지급하지 못한다.

작은 교회에서 평생 목회하신 목사님들과 해외에서 평생 선교만 하고 살아온 선교사님들 경우 은퇴 후에는 정기적인 생활비 사례금이 없다. 작은 교회에서 은퇴하신 목사님들과 선교사님들이 은퇴 후 살아가는 방법은 크게 두 가지이다.

첫째는 자녀들이 복을 받아 성공한 경우에 자녀들이 그 부모의 노후를 책임진다. 목사님들의 자녀들 앞길이 활짝 열리는 경우가 많다는 사실이다. '후손들에게 넘치는 복을 베풀어 주시는구나' 하고 생각하게 되었다.

두 번째의 경우는 목사나 선교사 은퇴 후에 자신을 도와줄 부양가족이 전혀 없거나, 자녀가 있지만 자녀들 또한 가난해서, 부모를 도와줄 능력이 없는 경우는 국가 보조금에 의지해서 가난하게 사신다. 이북에서 단신 월남한 목사님들 경우 친척이 없는 경우도 적지 않다.

그분들만이 모여서 주일 예배를 드리는 은목교회가 서울과 수도권에 여러 개가 있다. CTS 방송국 목자교회, 오륜교회 내의 오륜목자교회, 청량리의 목자교회, 수서지역 목자교회, 동북부 지역 목자 교회, 수원 목자교회 등등 알려지지 않은 곳을 포함하여 많이 있다. 그분들의 교회 이야기를 추가하였다.

현재 국내에만 은퇴한 목사님들이 4만 명이 넘는다고 한다. 돕고자 하시는 분들은 직접 목자교회로 연락하여 도와드리면 좋겠다.

도시 빈민이 된
은퇴 목사님들의 사정

　　서울 송파구의 오륜 목자교회 박천일 목사님과 영등포 CTS 기독
교 방송국 내의 CTS 목자교회 담임 목사이신 임재환 목사님을 차례
로 찾아가 만났다. 서강현, 조윤성과 같이 만나 뵙고 여러 가지 사
정 이야기를 들었다.

　　그분들이 목자교회를 시작하여 예배드린 지 십여 년이 되었는데,
어떤 은퇴 목사님이 방송국에 오셔서 도와 달라는 말을 하셔서 시
작되었다고 한다. 현재 등록은 400분이고, 매 주일 오전 천안, 수
원, 의정부, 동두천 등 서울과 전철로 연결되는 2시간 거리 정도의
수도권 인근에서 오신다. 300명 정도의 은퇴 목사님들이 초교파적

으로 모여 예배드리고 있다.

94세 노인부터 90대도 적지 않고, 대부분 80대분들이 많으며, 70세 이후 은퇴하신 분들이 거의 대부분을 차지하신다. 대형 교단 출신이 절반 정도 되고, 절반은 중소 교단분들이다. 장로교 합동, 통합, 감리교, 성결교, 순복음, 침례교 등등 다양한 교단 배경의 은퇴 목사님들이 출신에 연연하지 않고, 자연스럽고 편하게 함께하신다. 현실적으로 은퇴 목사님들이 일반 교회를 가시면 등록을 받아주지 않는다고 한다.

본인들이 담임했던 교회는 서로 부담스러워해서 3년 안에 모든 관계가 끊어지고, 또 후임 목사님께 부담이 되거나 교인들에게 부담을 주지 않기 위해 자발적으로도 가지 않는다.

주일에 편하게 예배드릴 교회를 찾지 못해 남모르게 미등록으로 가까운 교회의 예배에만 참석하시거나, 은퇴 목사님들끼리만 몇 명이 모여서 가정 예배를 드리신다. 인맥이 별로 없거나, 형편이 어려우신 분들은 그마저도 쉬운 일이 아니다.

섬이나 오지에서 목회하셨던 분들이 은퇴 후에는 그곳에 있을 곳이 없어서 도시나, 연고가 있는 수도권으로 이사를 오게 된다. 좋은 집을 얻을 형편이 안 되기 때문에 대부분이 반지하 월세방으로 가게 될 수밖에 없다. 그분들은 월 40-50만 원 이하의 극빈 저소득으로 살아가시는 분들이 거의 대다수이다. 빌라 지하 셋집 월세도 못 낼 때가 있고, 소형 임대 아파트 관리비나, 전기세나 수도세를 못 내시는 경우도 종종 있다.

과거의 판자촌은 거의 없어졌지만 도시 반지하의 셋방에 사시기 때문에 은퇴 목사님들이 "이 시대의 새로운 빈민들이다"라고 하셨다.

현재 나이가 80세, 90세를 넘는 분들이 많다. 이분들이 목회할 때에는 목회자 은급 제도 자체가 없었다. 뿐만 아니라 그 시절에는 목사가 노후를 위해 돈을 저축하거나, 보험이나 개인 연금에 가입하는 것은 경제적으로 어려워서 못했다. 목사가 노후 준비를 위해 돈을 저축하는 것 자체가 죄스럽게 여겨지는 분위기여서 대부분의 목사님들이 노후 준비를 할 수 없었다.

이분들은 본인들이 은퇴 후에는 몇 년 안에 생을 마감하고 천국으로 가게 되리라고 당연히 생각했다. 현실은 100세 시대가 되다 보니 전혀 준비가 안 되어, 20년, 30년을 더 살아야 하는 현실 앞에 어려움을 겪을 수밖에 없게 되게 되었다.

현재 서울 시내의 큰 교회나 단체에서 도와주는 곳은 없다고 한다. 목사님의 친구, 지인들 교회에서 필요할 때 요청하면 그때그때 조금씩 도와주는 것이 거의 전부라고 한다.

CTS 방송국 지하 공연장이 주일은 쉬기 때문에 예배 장소만 제공할 뿐이다. 식사나 약간의 도움(방송국에 들어오는 선물, 쌀)이 있지만, 방송국에서 은퇴 목사님 개인별로 금전적인 지원은 없다. 일부 개인들이 CTS 방송의 자막이나 광고를 보고 연락하여 1년이나 2년 후원하는 경우는 종종 있지만, 지속적으로 후원하는 분들은 별로 없다.

많은 자발적 후원자들이 무연고 은퇴 목사와 선교사분들에게 관심과 도움을 주었으면 좋겠다. 돕고 싶은 분들은 송파구 오륜교회 내의 오륜목자교회 박천일 목사님과 CTS 방송국 목자교회 임재환 담임 목사님에게 연락해 보시고, 목자교회에 도움을 주시면 된다.

십자가 등대

ⓒ 최대호, 2020

초판 1쇄 발행 2020년 9월 29일

지은이   최대호
펴낸이   이기봉
편집   좋은땅 편집팀
펴낸곳   도서출판 좋은땅
주소   서울 마포구 성지길 25 보광빌딩 2층
전화   02)374-8616~7
팩스   02)374-8614
이메일   gworldbook@naver.com
홈페이지   www.g-world.co.kr

ISBN 979-11-6536-830-2 (03230)

• 가격은 뒤표지에 있습니다.
• 이 책은 저작권법에 의하여 보호를 받는 저작물이므로 무단 전재와 복제를 금합니다.
• 파본은 구입하신 서점에서 교환해 드립니다.

이 도서의 국립중앙도서관 출판예정도서목록(CIP)은 서지정보유통지원시스템 홈페이지(http://seoji.nl.go.kr)와 국가자료공동목록시스템(http://www.nl.go.kr/kolisnet)에서 이용하실 수 있습니다. (CIP제어번호 : CIP2020040399)